T0290243

Heavy metal

Heavy metal

Andrés López Martínez

UN SELLO DE EDICIONES ROBINBOOK
información bibliográfica
Indústria, 11 (Pol. Ind. Buvisa)
08329 - Teià (Barcelona)
e-mail: info@robinbook.com
www.robinbook.com

Diseño de cubierta: Regina Richling
Fotografías de cubierta: iStockphoto
Diseño interior: Cifra (cifrabcn.com)

ISBN: 978-84-15256-71-7
Depósito legal: B-13536-2014

Impreso por Sagrafic, Plaza Urquinaona, 14, 7º 3ª, 08010 Barcelona

Impreso en España - *Printed in Spain*

Índice

Introducción

«El heavy metal conecta la gente, da igual la cultura a la que pertenezcan. Les transforma, creando una válvula de escape que no tienen en casa. Es una voz para expresar su malestar con el caos y la incertidumbre que rodea la sociedad. Para los metaleros, el heavy metal es más que música, más que una identidad; el heavy metal es libertad.»

Sam Dunn

Músico y director de cine

Como ocurre con el resto de los géneros musicales, resulta difícil datar con exactitud el inicio del heavy metal. Los referentes que se toman para concretar su orígen suelen ser distintos, dependiendo del enfoque histórico con el que son propuestos. No hay un criterio exacto y universal, aunque lo que sí tienen en común las fechas, acontecimientos o grabaciones que se barajan es que todos ellos implican una clara ruptura musical, e incluso social, necesaria y definitoria con respecto a cualquier movimiento anterior. No hay que olvidar que todo cambio surge de lo preexistido y que, por tanto, no aparece de manera aislada.

Otra de las premisas requeridas para determinar es que, en este caso, el heavy metal es un movimiento en toda regla que ha sido y es axioma para varias generaciones de jóvenes, algunos con el paso del tiempo ya no tan jóvenes, desde la década de los años setenta. Millones de seguidores que han rendido culto a ídolos que esgrimen instrumentos y profetas que han predicado mediante la interpretación.

El heavy metal ha sido y es fuerza tanto como belleza, pasión tanto como efectismo. Ha sido y es vapuleado por la crítica y, como fenómeno social, eternamente tachado de marginal. Fue precisamente a finales de los años setenta cuando en su transición desde el hard rock recibió el acoso más virulento de los medios y el gran público, quienes consideraban denostada la opulencia del 'rock star way of life'. Sin embargo, cuando el hard rock hizo su transmutación hacia el heavy metal desde los barrios periféricos de Gran Bretaña, mediante la denominada New Wave of British Heavy Metal (NWOBHM), se consolidó rápidamente como uno de los principales sonidos de la historia de la música moderna.

En su difusión inicial fue decisivo el apoyo de Tommy Vence y su programa radiofónico *Friday Rock Show*, emitido, paradójicamente, desde las ondas de la conservadora BBC, así como el cobijo dispensado por salas como el Marquee Club, el Music Machine, el Hammersmith Odeon o el Rainbow, si bien el gran aquelarre del heavy metal fue el Festival de Donington, instaurado por el promotor Paul Loasby y acontecimiento que permitió la 'industrialización' del género desde su primera edición, en 1980, hasta la última, 1996, celebradas en el Donington Park.

Coincidiendo con Donington, también se sumó a la propagación del heavy metal la edición de aquel mismo año del Festival de Reading, especialmente en su segunda y tercera jornada, sábado 23 y domingo 24 de agosto, fechas en las que actuaron bandas y artistas fundamentales, como Iron Maiden, UFO, Angel Witch, Tygers of Pan Tang, Gary Moore, Ozzy Osbourne, Def Leppard y Whitesnake.

Al otro lado del Atlántico, Estados Unidos fue ligeramente a la zaga de su eterno rival musical, Gran Bretaña, país este último que había demostrado el saber valerse de las mismas armas de mercadotecnia de las que presumían los norteamericanos. Pero Estados Unidos, además de presentar una serie de artistas impecables (Van Halen, Mötley Crüe, Manowar, Metallica, Twisted Sister, Dokken...), contó con el arma definitiva para la comercialización: la cadena de televisión MTV, fundada el 1 de agosto de 1981 y durante algunos pocos años difusora del género urbi et orbi.

La comunión entre los dos primeros pilares, artistas y medios de comunicación (radio, primero, festivales, después, y, finalmente, prensa y televisión) acabó por persuadir al tercero y necesario para convertir al heavy metal en un fenómeno: el público.

Toda esta presentación se adecúa al fenómeno del heavy metal tal y como se produjo en su estallido de los años ochenta. No obstante, el orígen musical del heavy metal se remonta algunos años antes, cuando el flower power perdió su inocencia (momento que algunos sitúan en el fatídico concierto que los Rolling Stones celebraron el 6 de diciembre de 1969 en el circuito californiano de Altamont) y los años setenta apostaban por el rock duro tras la publicación, el 13 de febrero de 1970, del primer disco de Black Sabbath.

✠

1. LA HISTORIA DEL HEAVY METAL

Prehistoria

«Los parámetros musicales del heavy metal como género no se pueden reducir cómodamente a términos formulistas. En general es más fuerte, más duro y de ritmo más rápido que la música rock convencional, y se sostiene en la guitarra de manera predominante. Los instrumentos principales son las guitarras eléctricas (solista y bajo), la batería y los teclados electrónicos, aunque existen numerosas variantes a partir de este marco básico.»

Roy Shuker, en *Popular Music. The Key Concept*

«Si le están dando duro a la batería, el bajo está tronando, las guitarras son duras y atrevidas y el cantante está gritando… ¡Eso es heavy metal!»

Dee Snider, cantante de Twisted Sister

El origen etimológico del término heavy metal ha sido comúnmente atribuido a su inclusión en la novela de William S. Burroughs *Nova Express*, publicada en 1964 y en la que aparecen los personajes Heavy Metal Kid y Heavy Metal People of Uranus, siendo posteriormente utilizado por el escritor, poeta y guionista norteamericano Barry Gifford en un artículo para la revista musical *Rolling Stone* en relación con el grupo Electric Flag. Por tanto, el nombre circulaba con anterioridad a que Iron Butterfly y Steppenwolf grabasen y publicasen, respectivamente en 1968, los temas «In-a-gadda-da-vida» y «Born to be wild».

Un año después, 1969, se produciría la desafección definitiva entre la generación beat y las distintas tendencias dadas por la música vanguardista, a resultas de lo cual, y durante los siguientes cuatro años, el rock se vería fraccionado en diversos estilos debido tanto a la tecnología como al propósito de una nueva generación de músicos de indagar en el camino abierto por los Beatles con su obra suprema, *Sgt. Pepper's Lonely Heart Club Band* (1967).

El empuje del cambio musical de 1969 recayó en las bandas de rock progresivo. Una de las primeras en aparecer fue Nice, en la que militó el teclista Keith Emerson (quien posteriormente junto al bajista Greg Lake, proveniente de los King Crimson de Robert Fripp) y al batería Carl Palmer (integrante de Atomic Rooster) formó el supertrío Emerson, Lake & Palmer, uno de los máximos exponentes del rock sinfónico entre 1970 y 1974 y distinguidos como discípulos de Richard Wagner por la prosopopeya musical de discos como *Pictures At An Exhibition*, en el que revisaban la obra homónima de Modest Mussorgski, uno de los compositores rusos más influyentes del siglo XIX.

El rock progresivo resultó determinante hasta el extremo en que se convirtió en referente para Deep Purple, quienes a iniciativa de su teclista, Jon Lord, asociaron música clásica y rock en *Concerto for Group and Orchestra*, grabado en directo el 24 de septiembre de 1969 junto a la Royal Philarmonic Orchestra, dirigida por Malcolm Arnold, en el Royal Albert Hall de Londres.

Pero yendo atrás en el tiempo podemos encontrar indicios más primitivos del hard rock en los Yardbirds, los Who o los Kinks, grupos británicos que tomaban referencias del blues y del rock'n'roll americano, haciendo prevalecer las guitarras sobre el resto de instrumentos mediante efectos como el feedback o el fuzztone. De este último efecto es obligado hacer referencia a la casuística experimentación que en 1964 llevó a Dave Davies, de los Kinks, a saturar su guitarra para el tema «You really got me», desarrollado sobre un poderoso riff ejecutado con una Harmony Meteor de 1962. La leyenda dice que durante la sesión de grabación rondaba por el estudio Jimmy Page. La deuda por tal aportación al devenir de la música moderna le sería en parte devuelta a Davies en 1978, cuando en su espléndido álbum de debut Van Halen grabaron su particular versión del tema.

Rebuscando en los orígenes del heavy metal, nos encontramos con que en 1967 Jimi Hendrix publicó su *opera prima*, *Are You Experienced?*, en la que asentaba las señas de identidad de lo que debe ser la guitarra para el heavy metal: técnica, pasión y fuerza. De ese disco, la canción «Purple haze» es tomada por algunos como el primer éxito comercial del heavy metal. De hecho, Glenn Tipton, el guitarrista de Judas Priest, declararía: «La aparición de Jimi Hendrix fue lo que hizo que muchas bandas quisieran ser más progresivas».

Un año después, en 1968, hallamos otras dos referencias primaras. Por un lado, y desde Gran Bretaña, el tema «Helter Skelter», perteneciente al *Álbum Blanco* de los Beatles, escrita por Paul McCartney; por otro, en América, Blue Cheer lanzaban «Summertime blues» (superando la ya de por sí arrolladora versión de los Who), incluída en su magistral disco *Vincebus Eruptum*, y Iron Butterfly hacían lo propio con «In-a-gadda-da-vida», incluída en el elepé del mismo título.

En 1969, y ya bajo el apelativo de 'heavy rock', entraron en escena Steve Marriott y Jimmy Page, ambos iniciados en el rhythm and blues británico y durante algunos años miembros de bandas creadas al servicio de la industria pop. No obstante, cuando decidieron tomar las riendas de sus carreras lo hicieron valiéndose de sus auténticas apetencias musicales. Al tiempo que Led Zeppelin de Page y Humble Pie de Marriott, aparecieron en Estados Unidos dos formaciones mucho más extremas que convulsionarían, desde el underground, el rock durante la siguiente década. La primera fue Motor City Five, o como habitualmente se les conoce a los de Detroit, los MC5, fundamentales gracias a los discos *Kick Out The Jams* y *Back In The USA*; la otra banda fue Stooges, al frente de los cuales estaba Iggy Pop y a quienes se les atribuye la paternidad del punk, del que se vislumbran vestigios en sus álbumes *The Stooges* (1969) y *Fun House* (1970).

A lo largo de la década de los setenta, bajo la influencia de Led Zeppelin y Deep Purple, el heavy rock se nutrió de numerosos artistas que irían abriendo sendas que confluyeron en el heavy metal. En esos años, y por citar unos pocos, en Gran Bretaña destacaron Thin Lizzy, Queen, UFO, Uriah Heep, Bad Company, Nazareth y los absolutamente fundamentales Black Sabbath, mientras que en Estados Unidos surgieron Aerosmith, Kiss, Blue Öyster Cult o Grand Funk Railroad.

Pioneros

Como ya se ha dicho, antes que el heavy metal existió el «heavy rock», siendo uno de sus máximos avezados representantes Led Zeppelin, cuarteto formado en Londres en el mes de julio de 1968 por el guitarrista Jimmy Page.

Con la sensibilidad del blues británico, que a principios de los años sesenta habían introducido en las islas Alexis Korner y Cyril Davis y popularizado por artistas como Animals, Yardbirds, Spencer Davis Group o John Mayall, desde su primer disco Led Zeppelin se erigieron en una de las piezas clave para la posterior existencia del heavy metal. Sus seis primeros discos (*Led Zeppelin* -1969-, *II* -1969-, *III* -1970-, *IV* -1971-, *Houses of the Holy* -1973- y *Physical Grafitti* -1975-) resultarían providenciales, por su impecable inspiración, por la riqueza y técnica instrumental y por la amplitud y la naturalidad con la que se abrazan sonidos y estilos.

En 1968 también se dio a conocer otro de los grandes e ineludibles nombres del heavy rock, Deep Purple, arribados al negocio discográfico con

Shades of Deep Purple, el cual, aún debatiéndose entre reminiscencias del rock progresivo (*Prelude: happiness/I'm so glad*, este último original de Cream –Clapton/Baker/Bruce-), el pop psicodélico (el popular *Hush*, también en línea con Cream) y las líneas de guitarra ejecutadas con un ojo puesto en Jimi Hendrix (*And the address*, *Mandrake root*), resulta un disco indispensable en la cimentación del futuro heavy metal.

No osbtante, dos años después, ya con Ian Gillan y Roger Glover en sus filas, Deep Purple aparcaron las influencias y pasaron a ser 'la influencia', gracias al monumental *In Rock*. Tras este trabajo, y durante los dos años siguientes (obviando el irregular *Who Do We Think We Are*, 1973), el quinteto facturaría otros tres discos en estudio primordiales, *Fireball* (1971), *Machine Head* (1972) y *Burn* (1974), (este último ya con David Coverdale como vocalista y Glenn Hughes al bajo), más el doble *Made In Japan*, una de las más importantes grabaciones en directo del rock. Estos discos cobijaban clásicos indiscutibles como «Child in time», «Highway star» o «Smoke» on the water y que establecieron algunos requisitos para el género, tales como la técnica instrumental, la fuerza de la sección rítmica y el furor en la interpretación vocal.

El corazón de la fiera

En una ocasión, Klaus Meine, el cantante de la formación alemana Scorpions, declaró: «Cuando echas la vista atrás, te das cuenta de que muchos grupos se inspiraron en Ozzy y en Black Sabbath». Meine hacía alusión a la trascendental e incontestable aportación al heavy metal del cuarteto británico. Lo contrario, menguar en lo más mínimo la aportación de Black Sabbath, sería prácticamente negar el género en sí mismo. Y la prueba irrebatible de su influencia está contenida en su primer disco, *Black Sabbath*, publicado, atención, fecha cardinal, el 13 de febrero de 1970.

Originarios de Birmingham, ciudad cuyo protagonismo en la revolución industrial le había valido el sobrenombre de 'la fábrica del mundo' (y más tarde, lejanos los tiempos de esplendor industrial, lo sería por el de 'cuna del heavy metal', a lo que también contribuyeron Judas Priest), Tony Iommi, Ozzy Osbourne, Geezer Butler y Bill Ward dieron vida en 1968 a Black Sabbath, siendo contratados en el mes de diciembre de 1969 por el sello Philips, con el que al mes siguiente publicarían su primer single, *Evil woman*, canción escrita y grabada por Crow, un grupo de Minneapolis que ya la había incluído en su álbum de 1969 *Crow Music*.

Dignifica aún más la aportación de la banda al género, y demuestra su talento, el hecho de que la grabación de su primer álbum, *Black Sabbath*, se llevase a cabo en tan sólo en un par de días: «Pensamos: 'Tenemos dos días para hacerlo y uno de ellos es para mezclas'», recordaría más tarde el guitarrista Tony Iommi; «así que grabamos en directo. Ozzy cantaba al mismo tiempo. Le pusimos en una cabina aparte y nos pusimos a trabajar. No tuvimos una segunda toma en la mayor parte del material».

A pesar de la escasez de medios con el que se grabó, el presupuesto fue de tan sólo 500 libras, *Black Sabbath* subió al octavo puesto de las listas de éxitos británicas, mientras que la recepción que le dispensó la crítica en Estados Unidos fue severa. Lester Bangs, de la revista *Rolling Stone*, calificó el álbum como un cúmulo de «improvisaciones discordantes, con el bajo y la guitarra rodando como obsesos de la velocidad (...) sin encontrar nunca la sincronización».

El éxtasis de aquella epifanía musical que significó *Black Sabbath*, el disco, lo mantendría el cuarteto de Birmingham en sus siguientes cinco trabajos (*Paranoid* -1970-, *Master of Reality* -1971-, *Vol. 4* -1972-, *Sabbath Bloody Sabbath* -1973- y *Sabotage* -1975-), conformando todos ellos una guía didáctica básica tanto para fans del heavy metal como para los músicos de las nuevas generaciones.

El elemento clave de estos álbumes fue el guitarrista Tony Iommi, del que el cantante Ronnie James Dio, miembro de Black Sabbath entre 1979 y 1982, diría: «Tiene la mejor cabeza para los riffs que jamás haya existido. Es el maestro del riff. No hay nadie como él».

Los primeros discípulos

No tardaron en aparecer, a ambos lados del Atlántico, secuaces de Led Zeppelin, Deep Purple y Black Sabbath. Algunos de legado efímero, consecuencia de los caprichosos designios del negocio musical. Hubo, no obstante, otros que lograron forjar una trayectoria encomiable y que posteriormente serían, a su vez, influencia de las nuevas formaciones de heavy metal. Por orden cronológico, deben citarse cuatro bandas de alcurnia: Rush, Grand Funk Railroad, Humble Pie y Alice Cooper.

De la apacible Canadá surgió en 1968, y de la mano del bajista Geddy Lee y el guitarrista Alex Lifeson, el poderoso trío Rush, si bien no sería hasta 1974, cuando la formación, aún con John Rutsey a la batería, abriría su discografía con un disco homónimo que recogía unas más que evidentes influencias de Led Zeppelin y Cream. No obstante, a partir del siguiente *Fly By Night* (1975), y con la letras fantásticas de Neil Peart, que había reemplazado a Rutsey, Rush se convertirían en los pioneros del hard rock progresivo, con títulos esenciales como *2112* (1976), *Permanent Waves* (1980) o *Moving Pictures* (1981).

Por su parte, Grand Funk Railroad, o 'la banda de rock and roll más fuerte del mundo', formados también en 1968 en Flint, Michigan, irrumpieron con fuerza en el mercado norteamericano, al que, entre 1969 y 1973, saturaron con una serie de discos demoledores como *Grand Funk* (1970), *Closer to Home* (1970) y *We're An American Band* (1973), sin olvidar el directo *Live Album* (1970). Para hacerse una idea del potencial sonoro de los GFR baste decir que en 1971 Black Sabbath fueron teloneros suyos en los dos conciertos que ambas formaciones ofrecieron en el Forum de Los Angeles, durante la primera visita del cuarteto británico a Estados Unidos.

Provenientes, respectivamente de Small Faces, Herd y Spooky Tooth, Steve Marriott, Peter Frampton y Greg Ridley formaron Humble Pie en 1969, siendo publicitados por el periodista musical John Peel como la primera banda de heavy metal. Hasta 1975, Humble Pie grabaron algunos títulos valiosos, de entre los que cabe destacar *As Safe As Yesterdays Is* (1969), *Town and Country* (1969), *Rock On* (1971) y, ya con Dave Clempson en substitución de Frampton, *Smokin'* (1972).

En cuanto a Alice Cooper, *alter ego* de Vicent Damon Fournier, representaron la primera propuesta de la escenificación extrema del rock, conocida como 'shock rock', sucesivamente imitada por otros artistas, como KISS, New York Dolls o Marilyn Manson. Hasta mediados de los años setenta, Alice Cooper también aportaron su cuota de grandes discos, como *Love It to Death* (1971), *Killer* (1971), *School's Out* (1972), *Billion Dollar Babies* (1973) y *Welcome to my Nightmare* (1975).

* * * * *

A renglón seguido de los de Humble Pie, Rush, Grand Funk Railroad y Alice Cooper llegarían los primeros trabajos de UFO, Uriah Heep, Wishbone Ash y Mountain, aunque en algunos casos su llegada al rock duro se produjo tras la necesaria búsqueda de un sonido propio.

Ese fue el caso de UFO, quienes tras publicar dos álbumes vinculados al rhythm and blues y la psicodelia, se decantaron por la contudencia sonora tras la incorporación del brillante guitarrista alemán Michael Schenker en el mes de junio de 1973. Con Schenker grabarían los imprescindibles *Phenomenon* (1973), que incluía los temas «Doctor doctor» y «Rock bottom», «Force It» (1975), «No Heavy Petting» (1976), «Lights Out» (1977) y «Obsession» (1978), además del soberbio disco en directo *Strangers in the Night* (1979). La partida de Schencker para encarar su carrera en solitario, tras episodios de rebeldía inaceptable, cerró los años de gloria de UFO, a partir de entonces sumidos en una carrera irregular, aunque duradera en el tiempo.

De resonancias más eclécticas, aunque no por ello menos vinculadas a la tradición del heavy metal, resultan Uriah Heep, quienes en los inicios de su carrera produjeron, de la mano del trío de talentos formado por los guitarristas Mick Box y Ken Hensley y el cantante David Byron, algunos álbumes de categoría como *Look At Yourself* (1971) y *Demons and Wizards* (1972) y, coincidiendo con el auge de la NWOBHM, *Abominog* (1982), ya con Box como líder del grupo.

La aportación de Wishbone Ash al sonido heavy metal es un referente de las denominadas 'guitarras gemelas' (la armonización de dos guitarras de una melodía en terceras o quintas), poco después utilizada por Iron Maiden, Thin Lizzy o Judas Priest, y la producción de dos discos ejemplares, *Pilgrimage* (1971) y *Argus* (1972).

En cuanto a Mountain, la banda liderada por el guitarrista Leslie West, su participación en el Festival de Woodstock no debe despistar en lo concerniente a la deuda que el género tiene con ellos. La mejor definición de su sonido la podemos encontrar en su clásico «Mississippi Queen», tema que abría su obra maestra, el disco *Climbing!* (1970).

Avezados de los años setenta

Contemporáneos de todas estas formaciones de heavy rock hay que citar algunas nuevas promesas que con el tiempo acabaron convirtiéndose en referentes igual de elementales, añadiéndoseles el aliciente de que se habían formado fuera de los epicentros del negocio musical, es decir Londres, Nueva York y Los Angeles. Nos referimos a los irlandeses Thin Lizzy, los alemanes Scorpions y los escoceses Nazareth.

Los primeros produjeron una notable discografía que giró en torno a su malogrado líder, Phil Lynott, que contaría para el realce de sus composiciones, repletas de alusiones hábiles y prosaicas de lo cotidiano, con los duetos de guitarra, las citadas 'guitarras gemelas', interpretados por Brian

Robertson y Scott Gorham. En la práctica, el talento de los irlandeses se tradujo en varios discos elogiados por la prensa especializada y el gran público, como *Fighting* (1975), *Jailbreak* (1976), *Johnny the Fox* (1976), *Bad Reputation* (1977) y *Black Rose* (1979), que daban cabida tanto al hard rock como a elaboradas baladas.

Esta combinación de tempo también es marca de la casa de Scorpions. Formados originalmente en Hannover en 1965, el quinteto no publicaría su primer disco, *Lonesome Crow*, hasta 1972, aunque no sería hasta el siguiente, *In Trance*, aparecido en 1975, con el que empezaron a asentar las bases de su posterior meteórica carrera gracias a la entrada del guitarrista Uli Jon Roth. Con este y con su sucesor, Matthias Jabs, Scorpions facturaron discos de la importancia de *Virgin Killer* (1976), *Lovedrive* (1979), *Blackout* (1982) o *Love at First Sting* (1984), que incluía una de las baladas más representativas del heavy metal, «Still loving you.»

Precisamente, el máximo hito musical de Nazareth, poseedores de una de los vocalistas más fascinantes del rock, Dan McCafferty, fue la balada «Love hurts», escrita por Boudleaux Bryant e interpretada anteriormente por, entre otros, Everly Brothers y Gram Parsons, y de la que los escoceses grabaron su propia versión para incluirla en el álbum *Hair of the Dog* (1975), pináculo de su producción discográfica, junto a *Razamanaz* (1973) y *Loud'N'Proud* (1974), títulos de obligada audición.

* * * * *

Cerrando el capítulo de algunos de los grandes nombres del hard rock surgidos en los años setenta se deben citar tres bandas que lograron o bien el favor de la crítica, o bien el favor del público o incluso ambos beneplácitos.

Liderados por el carismático Freddie Mercury, seguido a la zaga por los no menos talentosos Brian May, Roger Taylor y John Deacon, Queen, con su rock henchido de coros imposibles y guitarras refinadas, enseñaron a coetáneos y futuras generaciones de músicos a desentenderse de los estrictos parámetros del rock duro, profundizando en estilos ajenos a él. De esta manera surgió una obra maestra como *A Night at the Opera* (1975), que incluía uno de los grandes temas del rock, «Bohemian rhapsody», acompañada en la discografía del cuarteto londinense por otros títulos relevantes como *Sheer Heart Attack* (1974), *A Day at the Races* (1976) o *News of the World* (1977).

Desde Estados Unidos llegaron por aquel entonces los mejores trabajos de los bostonianos Aerosmith y los neoyorquinos Kiss. A los primeros se les tildó en sus inicios de ser la respuesta americana a los Rolling Stones, aunque con sus discos *Get Your Wings* (1974), *Toys in the Attic* (1975) y *Rocks* (1976), basados en las composiciones de su cantante, Steven Tyler, y su primer guitarra, Joe Perry, demostraron con creces que poseían su propia identidad, tan resoluta que sería la precursora del sleazy rock, radiante durante la segunda mitad de los años ochenta.

Mucho más vapuleados por la crítica fueron Kiss, quienes en torno a una imaginería sin parangón, para la que tomaron prestados elementos tanto de Alice Cooper como de los New York Dolls, lograron ser una de las bandas de rock de mayor éxito comercial en Estados Unidos. En cuantos a sus grabaciones, sólo el paso del tiempo ha hecho posible que se reconozca el mérito de algunos de sus discos en estudio, como *Kiss* (1973), *Dressed to Kill* (1975), *Destroyer* (1976) o *Rock and Roll Over* (1976), así como el de su álbum de directo *Alive!* (1975). Ya en la década de los ochenta, en pleno boom internacional del heavy metal, Kiss mantendrían su parcela gracias a dos de sus mejores trabajos, *Creatures of the Night* (1983), y, abriendo su etapa sin maquillaje, *Lick it Up* (1984), en los que resultó providencial la aportación del guitarrista Vinnie Vincent.

A todas estas bandas hay que añadir la que lograría definir la quintaesencia del heavy metal en la reencarnación del género durante los años ochenta bajo la acuñación de New Wave Of British Heavy Metal (NWOBHM), Judas Priest, casualmente originarios de Birmingham, la misma ciudad que había engendrado al origen del género, Black Sabbath. Dee Snider, el cantante de Twisted Sister, definió acertadamente a Judas Priest diciendo que «fueron el primer grupo en coger el heavy metal y adoptarlo como término y forma musical. Son los dioses del metal».

Repasar la discografía de Judas Priest, fundamentada en las guitarras de K.K. Downing y Glenn Tipton y en la voz del metal god Rob Halford, sirve para que nos percatemos lo mucho que ha cambiado la industria musical. En los años setenta, cualquier grupo o artista, al margen del género que interpretase, se veía sometido a una evolución que incluía el obligado rito de deambular a la búsqueda de un estilo propio. Los Priest también atravesaron esa fase, que finalizaría cuando en 1976 publicaron *Sad Wings of Destiny*, siendo sus siguientes mojones en el camino hacia su coronación como adalides del heavy metal *Sin After Sin* (1977), *Stained Class* (1978), *Killing Machine* (1978), *Hell Bent For Leather* (1979) y, finalmente, el definitivo *British Steel* (1980).

✠

New Wave of British Heavy Metal

«Las raíces del heavy metal se encuentran, sin duda, en Priest y Sabbath.»
Rob Halford (Judas Priest)

La New Wave Of British Heavy Metal (NWOBHM, en castellano Nueva Ola del Heavy Metal Británico) apareció en Gran Bretaña en las postrimerías de la segunda mitad de los años setenta, teniendo como epicentro la mítica sala The Bandwagon, un pub de Kingsbury que en 1975 decidió reorientar su oferta musical declarándose «la única discoteca de heavy rock de Londres» y atrayendo, de esta manera, a seguidores de Black Sabbath, Led Zeppelin, Rush y Thin Lizzy en unos tiempos en los que el rock duro estaba en declive por el desinterés de las compañías discográficas, volcadas en el fenómeno musical del momento, el punk.

Como reducto del rock, The Bandwagon, a instancias de su DJ Neal Kay, apostó por grupos noveles, acogiendo así las primeras actuaciones de Samson, Angel Witch, Praying Mantis, Saxon y Iron Maiden, además de las de otras formaciones con algo más de solera, como Motörhead y AC/DC.

* * * * *

Motörhead dieron su primer concierto el 20 de julio de 1975 en el Roundhouse de Londres y dos años después publicaban su primer álbum, que agradó tanto a los seguidores del rock duro como a los del punk. Desde entonces Lemmy Kilmister no ha dejado de forjar su leyenda como uno de los personajes más emblemáticos del rock, o del rock'n'roll, como él mismo ha definido en alguna ocasión el género que ha interpretado su grupo.

Música simple y directa sazonada con una actitud confiada que le han valido a Lemmy el respeto del público, de la prensa especializada y del resto de compañeros de profesión, rendidos todos ante discos como *Overkill* (1979), *Ace of Spades* (1980) o *No Sleep 'Till Hammersmith* (1981), directo que convertiría a Motörhead en la primera banda de heavy metal en alcanzar el número 1 de las listas de éxitos británicas.

El caso de AC/DC, formados en Sidney, Australia, en 1973, es similar al de Motörhead, puesto que aunque parapetados bajo la etiqueta de 'heavy metal', en realidad su estilo es rock'n'roll de alto voltaje. Aunque su llegada a Londres en 1976 coincidió con la fragua de los cimientos de la New Wave Of British Heavy Metal, Atlantic Records llegó a publicitarlos como 'los punks de las Antípodas', y eso que sus primeras actuaciones en la capital del Támesis fueron en recintos de rock como el Hammersmith, el Lyceum y el Marquee, sin olvidar su participación en el ecléctico Festival de Reading (rock progresivo, pub rock, hard rock…), donde coincidieron con Ted Nugent, Rory Gallagher y Black Oak Arkansas.

AC/DC estaban llamados a lograr el éxito atemporal, a pesar de la terrible e inesperada pérdida de su primer cantante, Bon Scott, fallecido el 20 de febrero de 1980, circunstancia que a punto estuvo de disolverlos. No obstante, encontraron el substituto idóneo en Brian Johnson, que se estrenó aquel mismo fatídico año con el gran álbum clásico *Back In Black*.

* * * * *

La exitosa programación de The Bandwagon llamó la atención de Geoff Barton, editor de la revista *Sounds* (más tarde lo sería de *Kerrang!*), que siguió de cerca a todas aquellas bandas noveles y para las que acuñó el término 'New Wave Of British Heavy Metal', el cual apareció impreso en el número del mes de mayo de 1979. Nueve meses después se publicaba el doble álbum *Metal for Muthas*, grabación colectiva que el sello Sanctuary Records encargó a Neal Kay y en la que participaron grupos que habían actuado previamente en The Bandwagon. Iron Maiden fueron los únicos que colaron dos temas en el doble vinilo, «Sanctuary» y «Wrathchild». De hecho, y como es bien sabido, Maiden serían los cabecillas de la NWOBHM, aunque desde su primera actuación, llevada a cabo el 1 de mayo de 1976, hasta que vieron publicado su primer álbum tendrían que pasar cuatro años, una vez la industria discográfica hubiese acabado de exprimir el punk y se percatase que el futuro estaba en el heavy metal. La larga espera mereció la pena.

Por un lado, *Iron Maiden*, su disco de debut, se coló en el Top 10 británico, a pesar de que tras este trabajo y el siguiente, *Killers* (1981), tuviesen que afrontar la substitución de su primer cantante, Paul Di'Anno, por el más completo vocalista Bruce Dickinson, y la del guitarrista Dennis Stratton por Adrian Smith. El resultado de ese proceso fue *The Number of the Beast* (1982), disco producido eficazmente por Martin Birchy y Piedra Rosetta del heavy metal.

Para mayor gloria de Harris y los suyos, la gira de presentación del primer álbum de Iron Maiden incluyó una larga serie de conciertos por todo el mundo, denominada The Beast on the Road Tour (del 25 de febrero al 10 de diciembre de 1982), siendo especialmente decisivos los llevados a cabo en Norteamérica entre el 11 de mayo y 23 de octubre, durante los cuales estuvieron teloneados por a algunas de las formaciones más importantes del rock duro del momento, como Scorpions (de gira con su 'Blackout Tour'), Rainbow ('Straight Between the Eyes Tour') y Judas Priest ('World Vengeance Tour'). Cada una de estas giras pueden considerarse como la invasión del heavy metal europeo en Estados Unidos.

* * * * *

1980 fue el primer año de la New Wave Of British Heavy Metal, justificado por la publicación de discos del calibre de *Britisth Steel*, de Judas Priest; *Lightning to the Nations*, de Diamond Head; *Back in Black*, de AC/DC; *Ace of Spades*, de Motörhead; *Wheels of Steel* y *Strong Arm of the Law*, de Saxon; *Heaven and Hell*, de Black Sabbath y, desde Estados Unidos, *Blizzard of Ozz*, de Ozzy Osbourne, al mismo tiempo que desde todos los rincones de Gran Bretaña surgían nuevas promesas (Holocaust eran de Edimburgo, Witchfinder de Stourbridge...), de las que sólo algunas, como Venom, de Newcastle, o Def Leppard, de Sheffield, conseguirían despuntar e incluso convertirse en grandes estrellas.

Venom nunca consiguieron, ni de lejos, ser pasto de la MTV, ni que sus discos tuviesen unas ventas millonarias y que incluso muchos seguidores del heavy metal los entendieran durante los primeros años de la NWOBHM, pero la historia ha terminado haciendo justicia con ellos, adjudicándoles el honor de ser reconocidos como los padres fundadores del black y el thrash metal gracias a sus dos primeros discos, *Welcome to Hell* (1981) y, especialmente, *Black Metal* (1982), título este último absolutamente vaticinador.

En cuanto a Def Leppard, fueron, junto a Iron Maiden y Judas Priest, una de las pocas bandas británicas que no sólo alcanzaron la gloria, sino que, además, lograron adentrarse con éxito en el mercado norteamericano, al que accedieron en primera instancia con el álbum *High 'n' Dry* (1981) y por el que serían engullidos con el siguiente *Pyromania* (1984), cuando la efectiva maquinaria de la cadena de televisión MTV lanzó a los cuatro vientos su hit single «Photograph». Tres años después, Leppard conseguirían el estatus de superestrellas gracias a su cuarto álbum, *Hysteria*, del que en la actualidad llevan vendidas unos 20 millones de copias en todo el mundo.

El éxito de Def Leppard en Estados Unidos fue algo que no sorprendió a los puristas defensores del heavy metal británico, que habían tachado al quinteto de 'vendidos'. Pero la banda siempre tuvo claro que sus miras iban mucho más allá del heavy metal como fenómeno del momento: «Recuerdo que no quería ser parte de eso –revelaría Joe Elliot, cantante de la banda–. Quería que se nos relacionase con Led Zeppelin, los Who, los Kinks, los Stones, los Beatles, Pink Floyd... las bandas que habían tenido éxito mundial. Eso era lo que buscábamos».

Rematando la lista de grandes nombres en los inicios del heavy metal debemos incluir a Saxon, especialmente porque cuando irrumpieron en plena efervescencia de la NWOBHM lo hicieron con tres obras indudablemente magistrales: *Wheels of Steel* (1980), *Strong Arm of the Law* (1980) y *Denim and Leather* (1981), dándose la circunstancia de que entre la grabación de la primera y la segunda tan sólo hubo un intervalo de siete meses.

Los festivales

«Ellos vieron una cosa: llenábamos los locales.»
Rod Smallwood (representante de Iron Maiden)

Una vez la industria discográfica hubo entendido que el punk había muerto y que el futuro pasaba por el heavy metal, puso a disposición de las nuevas bandas del género los elementos para consolidar el fenómeno en un lucrativo movimiento. Junto a algunos medios de comunicación, las compañías discográficas orquestaron la aparición de sus artistas en festivales al aire libre, en donde los músicos podían mostrar todo su potencial, en ocasiones difícil de plasmar en una grabación, y en donde la promoción resultaba directa ante miles de potenciales compradores.

Aunque el Monsters of Rock y el de Reading fueron coetáneos, es el primero el que debe considerarse como el primer festival de heavy metal por excelencia. Instaurado en 1980 por el promotor Paul Loasby, la elección del circuito de carreras de Donington Park en Leicestershire, Inglaterra, para acoger el evento musical no fue consecuencia del azar, sino que respondía a razones tácticas como las enormes dimensiones del recinto y su entorno, que aunque aislado, cercano a la ciudad de Midlands, lo que proporcionaba el fácil acceso a miles de espectadores.

El origen de la primera edición de este histórico festival no fue otro que el organizar un magno colofón a la gira del álbum *Down to Earth* de Rainbow, con Graham Bonnet como cantante por aquel entonces, si bien el cartel se fue ampliando de tal manera que acabó por convertir el 16 de agosto de 1980 en el punto de partida del festival, con la participación de los alemanes Scorpions, los británicos Judas Priest y Saxon, los canadienses April Wine, injustamente olvidados hoy en día, y los estadounidenses Riot y Touch. A pesar de ser el escenario por excelencia del heavy metal, Iron Maiden, los máximos representantes de la NWOBHM no acudirían al festival, eso sí, como cabezas de cartel, hasta 1988.

El Monsters of Rock continuaría organizándose en Donington hasta 1996, teniendo hasta entonces carácter itinerario, pues también se llevó a cabo en países como Francia, Alemania, Italia, Holanda, Suecia, Bélgica, Polonia y Brasil. Posteriormente, ya en pleno siglo XXI, el festival se haría de manera interrumpida en otros países, como España, Rusia, Argentina y Chile.

Por su parte, el Festival de Reading fue un evento musical cuyos orígenes se remontaban a principios de los años sesenta por lo que con el paso del tiempo iría asimilando distintos géneros, como el blues, el rock progresivo o el punk, hasta que a comienzos de los años ochenta se reorientó al hard rock y el heavy metal. El primer atisbo de este giro se vio en la edición de 1979, año en el que durante los tres días del evento actuaron Motörhead, Thin Lizzy y Whitesnake. Finalmente, y aún incluyendo artistas como 9 Below Zero o Fischer Z, los tres días de la edición de 1980 (22, 23 y 24 de agosto) estuvo repleta de algunas de las nuevas promesas del metal, como Krokus, Praying Mantis, Samson, Iron Maiden, Def Leppard, Tygers of Pan Tang, así como de otras referencias clásicas como Ozzy Osbourne, UFO, Whistesnake o Gary Moore.

Estados Unidos tardaría aún tres años en ofrecer su respuesta metálica a la de los festivales británicos de Donington y Reading. Fue en la segunda edición del mastodóntico US Festival, celebrada en el Glen Helen Regional Park de San Bernardino, California, cuando la organización, bajo el patrocinio de Steve Wozniak, cofundador de Apple, decidió que el domingo 29 de mayo, el segundo de los cuatro días programados y bautizado como el «Día del heavy metal», estuviese dedicado exclusivamente al hard rock y al heavy metal, contando para ello con los canadienses Triumph, los alemanes Scorpions, los ingleses Ozzy Osbourne y Judas Priest y los norteamericanos Mötley Crüe, Van Halen y Quiet Riot, estos últimos convertidos poco después, el 26 de noviembre, en la primera banda de heavy metal en conseguir el número 1 en la lista de éxitos de la revista *Billboard*, con su disco *Metal Health*. El US Festival de 1983 fue decisivo para el asentamiento del heavy metal en Estados Unidos, puesto que los 600.000 espectadores que acudieron al«Día del heavy metal» se encargarían de propagar el «mensaje metálico» al resto del país.

De aquel mismo 1983, y para concluir el recuerdo de los grandes y decisivos primeros festivales, se debe recordar el Rock Pop Festival, celebrado los días 17 y 18 de diciembre en Dortmund Westfalenhalle, Alemania. Imprescindible para asentar definitivamente el heavy metal en el Viejo Continente, gracias a la reunión de algunas de las mejores bandas del género, en uno de los mejores momentos de sus respectivas carreras. Con Iron Maiden como cabezas de cartel, la lista de artistas incluyó a Def Leppard, Ozzy Osbourne, Scorpions, Krokus, Judas Priest, Michael Schencker y Quiet Riot.

✠

La difusión a través de MTV

«Cuando aparecieron las bandas americanas, MTV ya no quiso tejanos ni cazadoras de cuero. Querían tipos con pelo crepado y mallas, como Mötley Crüe y Poison.»

Jess Cox (Tygers of Pan Tang)

Sorprendemente, por el difusor que consolidó durante los años ochenta a fenómenos musicales como Paula Abdul, Talking Heads o Michael Jackson, el medio de comunicación que apoyó de manera absolutamente eficiente al heavy metal fue MTV, cadena de televisión que acuñaría el término 'hair metal' (variante despectiva utilizada por la crítica especializada para calificar a las bandas menos notables del 'glam metal'), a través de los programas *Heavy Metal Mania*, que comenzó a emitirse en el mes de junio de 1985, y *Headbangers Ball*, que ha estado en antena en dos etapas: la primera, entre 1987 y 1995 y, la segunda, desde 2003 hasta la actualidad, período este último que refleja el revival del género.

Respecto a *Heavy Metal Mania*, el programa contó con la colaboración especial de Dee Snider, cantante de Twisted Sister: «Se me ocurrió la idea de que al menos les dieran a los espectadores un programa de heavy metal con el que concentrar la audiencia, porque ellos siempre lo verían. Intenté meter algunas bandas que no tenían videos, como Metallica. Les mostré algunos fragmentos de ellos y traté de mantenerme lejos del circuito comercial. Recuerdo que Motörhead me dieron una chaqueta de Ace of Spades para que la luciera, aunque la única manera en la que pude meterlos fue usando su música en los créditos, porque «Killed by death» no pasó el filtro de MTV».

En cuanto a *Headbangers Ball*, la trascendencia que alcanzó fue tal que, además de la consabida emisión de videoclips, reportajes y entrevistas, patrocinó la publicación de libros de guitar tab y la de tres cedés recopilatorios, que incluían temas de bandas como Opeth, Shadows Fall, Children of Bodom, Lamb of God, Cradle of Fith, Deftones o Godsmack, entre otros.

No obstante, y a pesar de prestarle especial dedicación a un género tan cuestionado socialmente como el heavy metal, y precisamente por esto, en ocasiones MTV ha dado muestras de talante represivo. Por ejemplo, tras el lanzamiento del álbum *Appetite for Destruction* de Guns 'n Roses la cadena se negó a emitir cualquier videoclip de la banda angelina a causa de la portada del disco, la cual consideraba ofensiva, si bien el rechazo se vendría abajo parcialmente tras la llamada personal del capitoste de Geffen Records, David Geffen, que consiguió que el video de *Welcome to the jungle* se emitiese un domingo a las cuatro de la madrugada.

✠

La censura del PMRC

«Como sus detractores han manifestado siempre, el rock del heavy metal no es más que un puñado de ruido; no es música, es distorsión: y precisamente por eso lo encuentran atractivo sus partidarios. De todo el rock contemporáneo, es el género más estrechamente identificado con la violencia y la agresión, la rapiña y la matanza. El heavy metal orquesta el nihilismo tecnológico.»

Lester Bangs, crítico y escritor musical

El Parents Music Resource Center (PMRC) se formó en la primavera de 1985 con el supuesto objetivo de salvaguardar a los jóvenes estadounidenses de la degradación moral a la que se veían sometidos por la música moderna. Según un informe elaborado por el PMRC, el rock hacia apología de rebelión, consumo de drogas, perversión, promiscuidad sexual, violencia nihilista, ocultismo e incitación al suicidio.

El poder de esta asociación no resultó baladí, puesto que de ella formaban parte las esposas de altos cargos públicos, como, Tipper Gore, esposa de Al Gore, entonces vicepresidente de Estados Unidos y más tarde defensor de la causa ecologista; Susan Baker, esposa del secretario de economía, James Baker, y Nancy Thurmond, esposa del senador Strom Thurmond.

Este grupo de afectadas amas de casa conservadoras consiguieron que la industria discográfica identificase aquellas grabaciones susceptibles de 'violentar' a la juventud. O dicho de otra manera: el PMRC contribuyó a una nueva oleada de censura y coacción de la libertad de expresión en la música norteamericana, lo que en la práctica tuvo su máximo exponente cuando en a partir de 1990 diecinueve compañías discográficas accedieron a colocar en la portada de sus discos la pegatina 'Parental Advisory' (Advertencia a los Padres), que prevenía del contenido de las grabaciones.

No obstante, el primer alegato del PMRC a favor de la moralidad había visto la luz en 1985 mediante la lista 'Filthy Fifteen' (Quince Asquerosas), que recogía las canciones más 'ofensivas' del momento y entre las que se encontraban «Eat me alive», de Judas Priest; «Bastard», de Mötley Crüe; «Let me put my love into you», de AC/DC; «We're not gonna take it», de Twisted Sister; «Animal (fuck like a beast)», de WASP; «High'n'dry», de Def Leppard; «Into the coven», de Mercyful Fate; «Trashed», de Black Sabbath, y «Possessed», de Venom. Además, el PMRC aconsejaba no escuchar a artistas como Queen, Styx o Van Halen, por considerarlos autores de canciones 'satánicas'.

Reflejo de su poder, la cruzada del PMRC llegó de inmediato al Senado de los Estados Unidos, donde se celebró una sesión el 19 de septiembre de 1985, a instancias de la Comisión de Comercio y tras la petición de Susan Baker y Tipper Gore, sin olvidar que los republicanos gobernaban el país, con Ronald Reagan como presidente. La sesión, digna de la Caza de Brujas del senador Joseph McCarthy de la primera mitad de los años 1950, incluyó el testimonio de Frank Zappa, John Denver y Dee Snider. Este último declaró sin paliativo alguno que eran los padres y no el gobierno quienes debían responsabilizarse de la música que escuchaban sus hijos.

Que un grupo de esposas de altos cargos de la administración norteamericana se escandalizase por el contenido de algunas canciones de rock no dejará nunca de ser un hecho esperpéntico, pero el que pusieran sus ojos en un género tan 'marginal', según su entender, evidencia el tremendo fenómeno social que adquirió el heavy metal en los años ochenta. De hecho, entre 1983 y 1984, el heavy metal representó entre el diez y el veinticinco por ciento de las ventas de los discos comercializados en Estados Unidos.

Como es lógico, no tardó en aparecer la oposición al PMRC y en 1987 Mary Morello fundó Parents for Rock & Rap (PRR, Padres a Favor del Rock y el Rap), aunque serían los propios artistas y grupos quienes se alzaron con mayor ímpetu, mediante declaraciones, canciones («Hook in mouth», Megadeth; «Mother», de Danzig; «Freedom of speech», de Ice-T; «Startin' up a posse», de Anthrax; «Censorshit», de Ramones...) o actos públicos, como el que en 1993 protagonizaron casualmente Rage Against the Machine (Tom Morello, guitarrista del grupo, es hijo de Mary Morello), durante su actuación en el Festival Lollapalooza, celebrado en Filadelfia, permaneciendo desnudos en el escenario catorce minutos, con cinta aislante en la boca y mostrando el acrónimo PMRC escrito en su pecho.

✠

A pesar de todo... el heavy metal arrasó Estados Unidos

«El heavy metal ha aumentado su audiencia.
Ya no es de dominio exclusivo para adolescentes.
La audiencia del metal se ha hecho mayor, más joven y más femenina.»
Revista *Billboard*, 1985

Van Halen, una de las más importantes bandas de hard rock estadounidense de todos los tiempos, fueron los precursores de la escena musical rockera que se desarrollaría a mediados de los años ochenta en Los Angeles bajo el nombre de glam metal.

Los escenarios de clubs como Whiskey a Go Go, Roxy, Rainbow Grill & Bar, Gazzari, Troubadour, Viper Room, Pandora's Box o London Fog, que en el pasado ya habían acogido algunas de las más importantes bandas de rock de Estados Unidos, fueron la catapulta de las nuevas bandas que llegaban a la ciudad en busca de una oportunidad.

El contexto de aquella nueva escena angelina implicó tanto nexos musicales como, por lo general, camaradería entre centenares de músicos, siendo un auténtico banco de pruebas previo al éxito masivo en Estados Unidos y en el resto del mundo. Las vicisitudes e interrelación de aquellos músicos noveles tuvieron como testigo las paredes de, por ejemplo, el Rainbow Bar & Grill, frecuentado por los miembros de Mötley Crüe, Poison o Guns n' Roses (quienes rodaron en ese mismo local escenas de los vídeos de *November rain*, *Estranged* y *Don't cry*) y citado en la canción «Sunset and Babylon», de WASP.

Desde el punto de visto estético, el glam metal se nutrió de diferentes referentes, en ocasiones bien distintos, los cuales se servían del maquillaje, al estilo de Alice Cooper o Kiss, y del cuero y las tachuelas de Judas Priest, con el común denominador de las melenas crepadas hasta el infinito.

El glam metal volvió a poner de moda la adopción vital del lema 'sexo, drogas y rock'n' roll' y las calles del Sunset Strip revivieron a través de la escena musical lo que Los Angeles ya había vivido durante los años 1920 con el cine y que había inspirado una frase del musical *Noche de Estrellas en Coconut Grove*: «... Ciudad delirante, frívola, seria, audaz y ambiciosa, viciosa y glamurosa. Ciudad llena de dramas, miserable y trágica... inútil, genial y pretenciosa, tremendo amasijo... Relumbrante, terrible, absurda, estupenda; falsa y barata, asombrosamente espléndida...». En definitiva, Sunset Strip se convirtió en reducto de diversión sin límites, aunque también teatro de dramas personales al límite.

La primera ola de bandas consideradas de glam metal apareció a lo largo de 1983 y 1984, agrupando a Quiet Riot, Hanoi Rocks, Mötley Crüe, Ratt, Helix, WASP, Bon Jovi o Stryper, todas ellas con un sonido en deuda con el hard rock y el heavy rock, mientras que la segunda tanda de grupos de Sunset Strip (Poison, Faster Pussycat, L.A. Guns, Guns n' Roses...), aparecidos entre 1985 y 1990, propiciaría un nuevo término: sleazy rock.

Pero el afán de la industria musical haría que tanto el glam metal como el subsiguiente sleazy rock quedasen finiquitados en el mes de septiembre de 1991 con la apabullante irrupción de *Nevermind*, el segundo disco de un trío originario de Seattle: Nirvana. Además, el heavy metal vería como en 1992 Bruce Dickinson y Rob Halford, los vocalistas de dos de sus principales bandas, Iron Maiden y Judas Priest, emprendían sus respectivas carreras en solitario.

Los primeros protagonistas del heavy metal estadounidense

Sobre una sección rítmica contundente formada por el bajista Michael Anthony y el batería Alex Van Halen, pulularon en su época dorada, de 1978 a 1985, los talentos naturales de David Lee Roth, cantante y frontman sin igual, y Eddie Van Halen, uno de los más grandes guitarristas de todos los tiempos, que dejó claro su impronta con la instrumental *Eruption*, incluída en el disco de debut de los californianos y origen de una nueva época para la guitarra rock gracias a la técnica del tapping.

Como auténticas estrellas, los Van Halen liderados por Roth fueron el epítome perfecto de rock, con fiestas salvajes y mujeres de bandera, diversión que, no obstante, corrió en paralelo a una serie de discos que aglutinaban la técnica y el gusto por la creación de temas atractivos y radiables, como *Van Halen* (1978), *Van Halen II* (1979), *Women and Children First* (1980), *Fair Wairning* (1981), *Diver Down* (1982) y *1984* (1984).

Pero tras la marcha de Roth en 1985, Van Halen perderían su aura, a pesar de contar con el gran Sammy Hagar y, brevemente, con Gary Cherone, este totalmente desubicado.

La reunión de la formación original en 2007, que se embarcaría en un par de giras por Estados Unidos y en la publicación, en 2012, de un nuevo disco, el encomiable *A Different Kind of Truth*, satisfizo a sus fans, aunque no dejó de ser un meritorio esfuerzo alejado del esplendor de la que en una ocasión llegó a ser la banda más grande de Estados Unidos.

Tras Van Halen, lo grandes herederos de la corona del Sunset Strip fueron los polémicos Mötley Crüe, cumplidores a rajatabla de los cánones roqueros de la decadencia. Mientras otras bandas se dedicaban a engrandecer pequeñas anécdotas, Mötley Crüe se dedicaron a llevar sus vidas hasta cualquier límite imaginable, muchos de los cuales quedan recogidos en su autobiografía *Los Trapos Sucios*.

Pero el cuarteto también cuenta en su haber con discos tan recomendables como *Too Fast for Love* (1981), *Shout at the Devil* (1983) o *Dr. Feelgood* (1989), habiendo llegado a tener tal influencia en la industria musical norteamericana que la cadena de televisión MTV se vió obligada en el verano de 1985 a establecer la denominada «regla Crüe», por la cual bloqueó el predominio de las bandas de metal en las peticiones de sus espectadores.

A finales de aquella misma década Sunset Strip vio la tercera hornada de bandas de hard rock, sobradamente capitaneada por Guns n' Roses, prototipo máximo de la escena angelina. Geniales y bravucones, pero también ingenuos y frágiles, Axl Rose, Slash, Izzy Stradlin, Duff McKagan y Steven Adler revolucionaron la escena musical internacional con su primer y magistral disco, *Appetite for Destruction* (1987), umbral del sleazy rock, seguido por dos dobles álbumes, *Use Your Illusion I* y *Use Your Illusion II*, publicados ambos en 1991 y testimonio de la asombrosa rapidez con la que el quinteto había madurado musicalmente, además de erigirlos en herederos directos de los Rolling Stones.

Pero, paradójicamente, la mastodóntica gira que motivó los *Use Your Illusion* fue la tumba del grupo, que poco a poco fue disolviéndose por los arbitrarios criterios de Axl Rose.

Así, desde mediados de los años noventa, Guns n' Roses es en realidad el alter ego artístico del cantante, cuya inestabilidad emocional le valdría el apodo de «Howard Hughes del rock» y retrasar diecisiete años la publicación del siguiente disco, *Chinese Democracy* (2008).

✠

Thrash Metal

«Thrash metal es simplemente hacer riffing durante cinco minutos tan rápido como puedas.»
Kirk Hammet (Metallica)

El thrash metal es una de las principales variantes del heavy metal, que partiendo del speed metal adquirió la agresividad del hardcore punk y la técnica de algunas de las formaciones de la NWOBHM, añadiéndole a esta, como principal característica, el scratching, o raspado de las cuerdas con la púa.

Surgido como movimiento musical en Estados Unidos a principios de los años ochenta, en la zona de la Bahía de San Francisco, suelen citarse como detonantes directos del thrash metal los temas «The beast within», incluido en *Power in Black* (1983), la primera maqueta de Overkill, y «Hit the lights», tema pereneciente al álbum *Kill 'Em All* (1983) de Metallica (aunque este tema ya había aparecido en el álbum recopilatorio de bandas underground *Metal Massacre*, editado por el sello Metal Blade Records el 14 de junio de 1982). Hay quienes, no obstante, citan la canción «Stone cold crazy», del álbum *Sheer Heart Attack* (1974), del cuarteto británico Queen, como el verdadero y más ancestral orígen del estilo.

Los máximos y primeros representantes del thrash metal fueron los denominados 'Big Four of Thrash' (Los Cuatro Grandes del Thrash), es decir, Anthrax, Megadeth, Metallica y Slayer, bandas que tuvieron su respuesta europea en el poderoso tridente formado por las bandas alemanas Destruction, Kreator y Sodom.

Tampoco hay que olvidar el mérito de otras bandas que durante la segunda mitad de los años ochenta y principios de los noventa publicaron algunos discos trascendentales para ésta facción del metal extremo, como *Bonded by Blood* (1985), de Exodus; *Speak English or Die* (1985) de S.O.D.; *Seven Churches* (1985), de Possessed; *Morbid Visions* (1986), de Sepultura; *Scum* (1987), de Napalm Death; *Altars of Madness* (1989), de Morbid Angel, o *In the Nightside Eclipse* (1993), de Emperor, entre un largo etcétera.

De todos estos artistas, y en deuda con la New Wave Of British Heavy Metal (lo que quedó manifiesto al versionear el tema *Am I evil* de Diamond Head, que incluyeron en la cara B del single *Creeping death*, de 1984, así como en la reedición japonesa de 1988 de su primer álbum, *Kill 'Em All*), quienes hicieron del thrash metal un movimiento de éxito masivo fueron Metallica, gracias a que en 1986 situaron su álbum *Master of Puppets* en el Top 40 de la revista *Billboard*. Dos años después, *...And Justice for All* subiría al número 6 y, finalmente, en 1991 lograrían el número 1 con *Black Album*, del cual el histórico bajista de Black Sabbath, Geezer Butler, reconocería: «Es uno de los mejores álbumes que he oído. Un clásico».

Precisamente el propio Geezer Butler también comentaría en otra ocasión la aportación de otro de los grandes grupos del thrash metal: Pantera. Del cuarteto tejano el bajista inglés diría: «Creo que llevaron el heavy a otro nivel. Me gustaban los riffs que hacían. Era un grupo que recogía la herencia de Sabbath, sin avergonzarse al decir que Sabbath los había influenciado. Te merecían respeto». Y en verdad, Pantera son referencia ineludible del metal extremo gracias a discos como *Cowboys from Hell* (1990) y *Vulgar Display of Power* (1992).

Y no olvidemos el gran reconocimiento obtenido por Slayer, pues su disco *Reign in Blood* (1986) fue definido por la revista *Kerrang!* como «el álbum más heavy de todos los tiempos» y por *Metal Hammer*, a comienzos del siglo XXI, como el mejor álbum de metal de los últimos veinte años. Por su parte, Anthrax conseguirían el 19 de agosto de 1988 que su EP *I'm the Man* fuese certificado como Disco de Oro por sus ventas en Estados Unidos, mientras que en 1992 *Countdown to Extinction*, de Megadeth, llegó al número 2. Y desde el cono sur americano, los brasileños Sepultura habían conseguido en 1989 un relativo éxito con *Beneath the Remains*, siendo en 1991 cuando se convertirían en la gran revelación del thrash con *Arise*.

✠

La evolución del heavy metal

El heavy metal es uno de los géneros musicales con más ramificaciones de estilos, aunque también es cierto que muchas de ellas responden a motivos tan elementales como el ritmo o la inclusión de cierta instrumentación, más que fundamentarse en aportaciones claramente divergentes.

La amalgama de estilos y subestilos se ha ido ampliando desde los años noventa , gracias a una infinidad de formaciones cuya indagación artística ha servido para que los aficionados al metal dispongan de una oferta muy variada de propuestas. Exceptuando el thrash metal, ya tratado, a continuación se relacionan los estilos más aceptados:

Speed metal

Aparecido entre finales de los años setenta y principios de los años ochenta, el speed metal se caracteriza por la aceleración del tempo del heavy metal tradicional, siendo un buen ejemplo Anvil, Accept, Celtic Frost, Helloween, Manowar, Raven, Running Wild o Savatage.

Para muchos no es propiamente un estilo, aunque su reconocimiento resulta indispensable por dar lugar al thrash metal y al power metal.

Power metal

Emerge del speed metal a mediados de los años ochenta, logrando una gran repercusión en Europa gracias a los abanderados del estilo, los alemanes Helloween y su disco *Keeper of the Seven Keys, Part 1* (1987). La respuesta estadounidense corrió a cargo de Manowar y Virgin Steele, mientras que la vertiente progresiva del speed metal la representan bandas como Angra o Stratovarius.

Doom metal

Se caracteriza por la incorporación de riffs graves que sirven para crear melodías densas inspiradas en el legado de los primeros discos de Black Sabbath.

Apareció a mediados de los años ochenta por mediación de formaciones como Saint Vitus y Trouble, que junto a Pentagram y Witchfinder General forman el particular The Big Four del doom metal. Más tarde, tras el sludge metal de Down o Crowbar y el stoner metal de Kyuss, ambos derivados del doom, en 1991 los británicos Cathedral lideraron la segunda hornada del doom metal, con la publicación de *Forest of Equilibrium*. A finales de los años noventa en Escandinavia surgía el Circle Of True Doom (COTD), que reunió a Reverend Bizarre, The Gates of Slumber, While Heaven Wept y Soldtice, mientras que en los últimos años el doom metal ha dado lugar a subestilos como el funeral doom o el drone doom.

Death metal

Bandas como Possessed, Death, Deicide, Obituary o Morbid Angel abrieron, a mediados de los años ochenta, la veta del death metal, estilo que coge el tempo acelerado del thrash metal y presenta textos que redundan en la violencia, la muerte y la destrucción, interpretados por voces guturales, denominadas 'death metal growls'.

El death metal tuvo dos focos geográficos: Florida, con Death, Deicide, Obituary y Morbid Angel; y Estocolmo, con Entombed, Dismember, Grave y Unleashed. A su vez, el death cuenta con una variedad de subestilos que van del grindcore de Napalm Death o Carcass, pasando por sus vertientes melódica (In Flames, Children of Bodom o At The Gates, estos últimos cabezas visibles de la New Wave Of Sweden Death Metal –NWOSDM, Nueva Ola del Death Metal Sueco–), progresiva (Opeth) y brutal (Aborted, Cannibal Corpse, Disgorge…).

Black metal

Género que surge del thrash metal a principios de los años ochenta, a raíz de la publicación del álbum *Black Metal* (1982) de Venom.

A estos no tardaron en sumárseles Celtic Frost y Bathory, mientras que a finales de los años ochenta serían formaciones escandinavas como Mayhem, Burzum o Emperor las que liderarían la segunda ola de bandas de black metal. Tras su expansión por Alemania, Francia y Polonia, en 1996 el black evolucionaría hacia el dark ambient, el black metal progresivo y el viking metal.

Metal progresivo

Vinculado al power metal y en conexión con el rock progresivo de los años setenta de Rush, King Crimson, Pink Floyd, Genesis o Yes, el género se desarrolló en Estados Unidos a mediados de los años ochenta, con bandas como Queensrÿche, Fates Warning y Dream Theater.

Metal cristiano o metal blanco

Aparecido a mediados de los años ochenta a instancias del cuarteto Stryper, este estilo se caracteriza por aglutinar bandas cuyos integrantes manifiestan abiertamente sus convicciones cristianas mediante las letras de sus canciones, en las que hacen alusiones evangélicas. A los californianos Stryper les seguirían Bride, Barren Cross y Bloodgood, y, ya dentro del thrash metal, Tourniquet y Mortification; del metalcore, Underoath, y del metal industrial, Skillet.

Rap metal

Surge en 1984 con Run DMC y Beastie Boys y se trata de una propuesta que combina rap y heavy metal. Posteriormenete se sumarían, en mayor o menor medida, Anthrax y Rage Against the Machine, para una vez llegado el nuevo milenio acuñar nombres como POD, Limp Bizkit y Linkin Park.

Funk metal

Aparecido en Estados Unidos a mediados de los años ochenta mediante la combinación de funk y heavy metal. Se considera *Dragon attack*, del álbum *The Game* (1980) de Queen, la pieza germinal de este estilo, del cual sus artistas más representativos son Living Colour, Primus, Red Hot Chili Peppers, Faith No More y Mr. Bungle.

Crossover

Surgido de la fusión del thrash metal y el hardcore a mediados de los años ochenta mediante formaciones como S.O.D. y D.R.I. El crossover desapareció rápidamente, un par de años más tarde, al ritmo de la trayectoria de S.O.D.

Gothic metal

Surge a finales de los años ochenta en Gran Bretaña y bajo la inspiración de la banda Bauhaus. Los primeros nombres del gothic metal son Lacrimosa y Paradise Lost, sumándoseles posteriormente The Gathering, Haggard y Anathema. Musicalmente da cabida a las voces femeninas, las masculinas guturales y la música electrónica, e incluso elementos propios del doom metal.

Grindcore

Se diferencia del death metal por presentar un sonido más crudo, y de él se ha dicho que es la versión punk del death metal al redundar las letras de sus canciones en la denuncia política y social.

Sus padrinos son Napalm Death y su álbum *Scum* (1987), aunque también hay que citar los dos primeros discos de Carcass, *Reek of Putrefaction* (1988) y *Symphonies of Sickness* (1989), además además de bandas como Bolt Thrower, Brutal Truth o Extreme Noise Terror.

Folk metal

Se caracteriza por el uso de instrumentos del folk tradicional, como la gaita, la flauta o el violín, y una temática en sus textos que contempla la historia vikinga, eslava o celta. Los artistas más relevantes provienen de Escandinavia, como Finntroll, Moonsorrow o Eluveitie.

Metal sinfónico

Los teclados y las voces femeninas son lo más característico del metal sinfónico, siendo referentes del estilo Nightwish, Within Temptation, Therion o Apocalyptica.

Groove metal

Tomando prestadas cadencias del heavy metal y el thrash metal, adquire identidad con grupos como Exhorder, Pantera, White Zombie y Machine Head. Se caracteriza por las afinaciones bajas de las guitarras y está considerado como el eslabón que úne el thrash metal y el nu metal.

Metal alternativo

Hacia 1990, Jane's Addiction lideraron el metal alternativo, en el que se fusionan el metal con otros géneros, como el punk, el funk o la música experimental. La lista la completan bandas como Alice In Chains, System of a Down, Fear Factory, Faith No More, Rage Against the Machine, Slipknot o Primus.

Metal industrial

Surge a principios de los años noventa con el uso de la música electrónica e instrumentos del rock tradicional. Entre las bandas fundamentales caben citar a Ministry, Marilyn Manson, Nine Inch Nails y Rammstein.

Nu metal

Aparece a principios de los años noventa de la mano de Biohazard, al unir hardcore con rap, creando así el denominado rapcore, origen del posterior nu metal, que tomaría fuerza a finales de esa misma década con formaciones como Limp Bizkit, Deftones, Linkin Park, Korn o Coal Chamber. Alguna de las fórmulas del nu metal cobija el rap con el death metal.

Metalcore

Combinado entre el heavy metal y el hardcore punk y con reminiscencias del crossover thrash de Suicidal Tendencies, el metalcore aparece a mediados de los años ochenta, siendo algunos de sus representanets más significativos Corrosion of Conformity, Cro-Mags, Prong o S.O.D.

Unido al death metal, daría lugar al deathcore interpretado por Suicide Silence o Job For a Cowboy.

Hardcore/Hardcore melodico

El hardcore tuvo como precursores desde Discharge y G.B.H. hasta Agnostic Front, Minor Threat, Dead Kennedys y Black Flag, aunque en términos de éxito comercial una de las formaciones más conocidas es Sick Of It All.

El hardcore más influenciado por el heavy metal apareció en Nueva York, mientras que California acogería el hardcore melódico de Bad Religion.

Ideológicamente acuña propuestas veganas, de rechazo al consumo de drogas e incluso prácticas espirituales.

✠

El futuro

«Todo lo que escucho últimamente que me resulta interesante viene, de nuevo, del otro lado del océano (Europa).»

Ian Paice, Deep Purple

En 1999, la revista *Billboard* informaba que en Estados Unidos funcionaban más de quinientas emisoras de radio especializadas en heavy metal, una cifra que multiplicaba por tres las existentes diez años antes. Ese medio millar de estaciones radiofónicas confirmaban la clara recuperación del heavy metal tras su declive a comienzos de aquella misma década y a la que posteriormente han contribuido las reunificaciones de bandas legendarias, como Iron Maiden, Judas Priest o Black Sabbath.

En el caso del thrash metal, su revival se debió en buena parte a las formaciones provenientes de los países nórdicos y de proyección internacional. En los últimos años han surgido nuevas bandas sobre las que recae el futuro del género y de entre las que, por su proyección presente, se debe citar The Sword, Trivium, Scar Symmetry, Between the Buried and Me, The Ocean, Mastodon o Baroness, mientras que al margen de la influencia anglosajona han surgido movimientos que merecen seguirse de cerca, como la denominada New Wave of Spanish Thrash Metal, que incluye a bandas como Wormed, Avulsed, Angelus Apatrida o Cryfemal.

El actual poder de convocatoria del heavy metal y de todos los estilos que acoge se beneficia indudablemente de los numerosos festivales que se organizan periódicamente a lo largo y ancho de todo el mundo, y de entre los que destacan Wacken Open Air, Inferno Metal Fest, Mayhem Festival, Hellfest, Heaven & Hell, Very 'Eavy, Sonisphere, Resurrection Fest, Brutal Assault o Summer Breeze.

El heavy metal marca su propio rumbo al margen de los grandes medios de comunicación, destinado a resurgir una y otra vez en formas que muchos seguidores irán aceptando, compaginándolas con su extenso legado. Desde 2003, el heavy metal ha logrado hallar el impulso necesario para alcanzar una acomodada posición cultural y social entre el gran público. Incluso en Estados Unidos, un país a salto de moda, el histórico programa *Headbangers Ball* volvía a antena, mientras que en los kioskos de occidente perduran, a trancas y barrancas, las revistas especializadas. España y Sudamérica siguen funcionando como una dimensión paralela respecto a otros países más avanzados y aunque sus listas de éxitos amparan artistas efímeros y sobredimensionados, de manera subyacente acogen a otros de menor calado comercial, pero abocados a mantener a toda costa un género que inequívocamente perdurará.

Aun más atrás quedan países como Marruecos, Líbano o Egipto, en los que a finales de los años noventa se realizaron redadas a la busca y captura de músicos y seguidores del heavy metal. A comiezos de la década siguiente, en 2001, la policía de Malasia hizo lo mismo en escuelas y centros comerciales, deteniendo a adolescentes a los que sometía a análisis de drogas y desnudaba para detectar tatuajes. Represalias nada casuales, pues sus gestores sabían que el heavy metal es una expresión que va más allá de la música, canalizando parte de la angustia y la frustración que esas mismas autoridades infligen a sus ciudadanos.

En definitiva, el heavy metal continúa siendo fuente de pasiones y de recelos y motivo de esperanza en un mundo cada vez más lóbrego...

«Debemos mantener nuestra rebeldía ahora más que nunca, en un mundo que intenta que nos conformemos a una lista preestablecida de valores típicos.»

Jeff Becerra (Possessed)

✠

2. LOS ARTISTAS

«El rock seguirá en lo más alto mientras la gente siga bebiendo y haciendo el amor.»
David Coverdale (Whitesnake)

AC/DC

Hard rock de alto voltaje

A mediados de los años setenta, las Antípodas lanzaron al mundo una de las propuestas más aclamadas por los seguidores del heavy metal, si bien es cierto que el repertorio de la banda formada en 1973 por los hermanos Malcolm y Angus Young lo conforma una espléndida retahíla de clásicos del rock'n'roll en solfa de rock duro.

Tras sus dos primeros discos, *High Voltage* y *TNT*, ambos de 1975, AC/DC firmarían contrato con Atlantic Records, dando lugar un año después a *Let There Be Rock* (1977), número 1 en Estados Unidos.

En 1979 aparecería el fundamental *Highway to Hell*, álbum que precedió al lamentable fallecimiento del cantante Bon Scott, el 19 de febrero de 1980, en Londres. Decididos a continuar con su carrera, aquel mismo año AC/DC presentaron *Back in Black*, uno de los discos más vendidos de la historia, con Brian Johnson como vocalista.

Tras *For Those About to Rock* (1981), el quinteto inició una etapa menos brillante, hasta que en 1995 grabaron *Ballbreaker*, otro de sus grandes trabajos.

La gira del álbum *Stiff Upper Lip*, llevada a cabo entre el 1 de agosto de 2000 y el 8 de julio de 2001, trajo al grupo a España, donde inauguró una calle con su nombre en la localidad de Leganés.

Ya en octubre de 2008, tras ocho años de silencio discográfico, AC/DC publicaron su último disco hasta la fecha, *Black Ice*, producido por Brendan O'Brien y Top 10 en Europa, Estados Unidos, Japón, Australia y Argentina. De la posterior gira, que se desarrolló entre 2008 y 2010 se publicaron el CD y DVD *Live At The River Plate* (2012).

Accept

Speed metal made in Germany

Pioneros y uno de los mejores ejemplos de speed metal, Accept, formados en 1978 en Solingen, Alemania, por el cantante Udo Dirkschneider, los guitarristas Wolf Hoffmann y Gerald Wahl, el bajista Peter Baltes y el batería Frank Friedrich, lograron captar el interés del público europeo casi de manera inmediata, gracias a sus tres primeros discos, *Accept* (1979), *I'm A Rebel* (1980) y *Breaker* (1981), este último motivo de una gira europea junto a Judas Priest. A continuación se abriría la etapa dorada del quinteto, formada por los álbumes *Restless and Wild* (1982, que incluye temas como «Fast as a shark» o «Princess of the dawn»), *Balls to the Wall* (1983, producido por Michael Wagener) y *Metal Heart* (1984, producido por Dieter Dierks), títulos que les permitieron girar por Estados Unidos y participar en el Festival de Donington de 1984.

Pero el moderado éxito de *Russian Roulette* (1986) propiciaría la marcha de Udo, que inició su carrera en solitario con el disco *Animal House* (1987), si bien en 1993 regresaría a Accept, publicando con ellos los álbumes *Objection Overruled* (1993), *Death Row* (1994) y *Predator* (1997). No obstante, en 1998, tras el disco en directo *The Final Chapter*, Udo abandonó definitivamente la formación, siendo substituído por Mark Tornillo, con el que Accept han grabado hasta la fecha los meritorios *Blood the Nations* (2010) y *Stalingrad* (2012), trabajos que los confirman como referentes del metal del Viejo Continente.

Aerosmith

Caída y auge del rock americano

Clásicos del hard rock y padrinos del sleazy rock, Aerosmith, liderados por el cantante Steven Tyler y el guitarrista Joe Perry, se hicieron un hueco en la historia del rock a mediados de los años setenta, con la publicación de los álbumes *Toys in The Attic* (1975) y *Rocks* (1976).

Los excesos propios de su condición como estrellas del rock conllevaron a que, tras el excelente *Draw the Line* (1977) y el irregular *Night in the Ruts* (1979), los guitarristas Perry y Brad Whitford fuesen substituidos por Jimmy Crespo y Rick Duffay, aunque superados los rencores personales y los problemas con las drogas, ambos regresasen para grabar *Done With Mirrors* (1986), seguido de *Permanent Vacation* (1987) y *Pump* (1989), discos de ventas millonarias, que devolvían a Aerosmith la credibilidad del pasado.

No obstante, y tras *Get a Grip* (1993) y *Nine Lives* (1997), el grupo produciría algunos trabajos irregulares, como el tema principal de la película *Armageddon*, titulado «I don't want to miss a thing», y los álbumes *Just Push Play* (2001) y *Honkin' On Bobo* (2004). Afortunadamente, y de la mano del productor Jack Douglas (con el que ya habían grabado sus mejores trabajos de los años setenta), en 2012 Aerosmith publicaron *Music From Another Dimension*, número 5 en la lista de éxitos de la revista musical *Billboard*.

Alcatrazz

El sueño maldito de Graham Bonnet

Excelente y poco reivindicada formación de hard rock, formada en 1980 en torno al cantante inglés Graham Bonnet y por la que pasaron dos de los mejores guitarristas del rock de todos los tiempos: el sueco Yngwie Malmsteen y el norteamericano Steve Vai. Con el primero, Alcatrazz publicarían el álbum en estudio *No Parole From Rock'n'Roll* (1983) y el directo *Live Sentence* (1984, mientras que con el segundo grabarían *Disturbing the Peace* (1985). Sin estos dos guitarristas, la discografía de Alcatrazz/Graham Bonnet continuaría con *Dangerous Games* (1986), disco que contó con Danny Johnson a las seis cuerdas (Johnson había sido descubierto por Rick Derringer y el mismisimo Eddie Van Halen elogió su estilo en una entrevista para la revista *Guitar Player*). Si bien en 1987 Bonnet disolvería Alcatraz, en 2006 reformó el grupo para una actuación en el festival búlgaro Berkrock y llevar a cabo una gira por Japón en 2007 y otra por Estados Unidos en 2008, sin tener éstas la continuidad que merece el legado de la banda, debido al carácter inquieto del cantante.

Alice Cooper

Shock rock y degeneración fantástica

Alter ego musical de Vincent Damon Furnier (4 de febrero de 1948, Detroit), Alice Cooper fueron abanderados del denominado shock rock, siendo apadrinados en sus comienzos por nada menos que el genial Frank Zappa,

para cuyo sello discográfico publicaron sus dos primeros discos, *Pretties For You* (1969) y *Easy Action* (1970), cuya combinación de rock y psicodelia obtuvo una escasa repercusión comercial que obligó al grupo a trasladarse a Detroit. Allí contactaron con el productor Bob Ezrin, que los condujo hacia un estilo más duro, dando lugar a los álbumes clásicos *Love It To Death* (1971), *Killer* (1971), *School's Out* (1972) y *Billion Dollar Babies* (1973).

Tras el siguiente *Muscle of Love* (1973) la banda se separaría, aunque Furnier continuaría como Alice Cooper, publicando en 1975 *Welcome to my Nightmare*, también producido por Serrín. Hasta bien entrados los años ochenta, Cooper/Furnier presentó una discografía irregular, en parte debido a sus problemas con el alcohol, años de los cuales tan sólo cabría destacar *From the Inside* (1978).

Finalmente, en 1989 aparecería *Trash*, producido por el productor y compositor de éxito Desmond Child y disco que contenía el hit single *Poison*. Desde entonces, y hasta la fecha, Copper/Furnier ha publicado una decena de títulos de los que cabe destacar *The Last Temptation* (1994), *Brutal Planet* (2000), *Dragontown* (2001) y *Welcome 2 My Nightmare* (2011), este último de nuevo bajo la producción de Bob Ezrin y nuevos eslabones que lo elevan a la categoría de maestro del rock como espectáculo.

Alice In Chains

La tormentosa visión del hard rock

Aunque Layne Staley (cantante), Jerry Cantrell (guitarra), Mike Starr (bajo) y Sean Kinney (batería) formaron, en 1987, Alice In Chains en la cuna del grunge, resultaría demasiado simplista calificar al cuarteto como uno más de la larga lista de referencias del género al que dio vida Kurt Cobain y al que tan sólo les une la tenebrosa temática de los textos escritos por el malogrado Staley (1967-2002).

Alice In Chains se encuadran mejor en el denominado metal alternativo, obteniendo una rápida aceptación popular con su segundo álbum, *Dirt* (1992), que incluía el tema *Would?*

El éxito de los siguientes *Alice In Chains* (1995) y *Unplugged* (1996) devinieron a la par que iba en aumento los problemas de Staley con las drogas, así como su incursión en proyectos paralelos como Mad Season, acompañado por miembros de Pearl Jam, y Class of 99, con integrantes de Rage Against the Machine y Jane's Adiction.

Finalmente, los excesos condujeron a Staley a su trágico final el 5 de abril del 2002, si bien en 2006 Kinney, Inez y Cantrell volverían a reunirse, con

William Duvall como vocalista, publicando en 2009 *Black Gives Way to Blue* y en 2013 *The Devil Put Dinosaurs Here*, álbumes que devolvían a la banda a sus raíces musicales.

Amon Amarth

La epopeya vikinga del death metal

Esta banda sueca formada en 1992 en Tumba, suburbio al suroeste de Estocolmo, por el cantante Johan Hegg, los guitarristas Olavi Mikkonen y Anders Hansson, el batería Nico Kaukinen y el bajista Ted Lundström, es uno de los mejores ejemplos del death metal melódico.

Inspirándose en las leyendas vikingas y en *El Señor de los Anillos* de J.R.R. Tolkien (Amon Amarth significa 'Monte del destino' en sindarín, una de las lenguas élficas), el quinteto arrancó su discografía en 1998, a través del sello Metal Blade, con *Once Sent From The Golden Hall*, en el que el uruguayo Martín López se hizo cargo de la batería, aunque a partir del siguiente *The Avenger* (1999) es Fredrik Andersson quien se ha sentado en los timbales.

La llegada del nuevo milenio coincidió con la fase más creativa de Amon Amarth, correspondiendo a esta títulos tan reseñables como *Fate Of Norns* (2004, que les llevó a actuar en el festival alemán Wacken Open Air), *Surtur Rising* (2011) o *Deceiver of the Gods* (2013).

Angel Witch

La quintaesencia del heavy metal británico

La banda formada en 1977 por el guitarrista y cantante Kevin Heybourne, el guitarrista Rob Downing, el batería Dave Hogg y el bajista Kevin Riddles fue en su momento uno de los principales impulsores de la denominada New Wave of British Heavy Metal (NWOBHM), gracias a la inclusión de su tema *Baphomet* en el recopilatorio *Metal for Muthas*, editado en el mes de febrero de 1980 por Sanctuary Records. Precisamente aquel mismo año, Angel Witch lanzaron su primer y excelente disco homónimo, del que destacan piezas como «Angel Witch», «White witch» o «Angel of death». Sin embargo, tras los siguientes y menos logrados *Screamin' N' Bleedin'* (1985) y *Frontal Assault* (1986), afectados por el desinterés del negocio discográfico y una desacertada gestión de representación, la banda vería menguar su éxito.

Dos décadas después, Kevin Heybourne decidió reemprender el camino truncado y Angel Witch publicaron un nuevo álbum, *As Above, So Below* (2012), poseedor de alguna pieza memorable, como *Brainwashed*, aunque, en general, destinado a aquellos que añoran los viejos tiempos del metal británico.

Annihilator

El descarnado grito del thrash canadiense

Los thrashers canadienses Annihilator publicaron en 1989 su opera prima, *Alice In Hell*, grabada en comandita por el vocalista Randy Rampage, el batería Ray Hartmann y el polifacético Jeff Waters (compositor, productor, guitarrista y bajista). El disco, deudor de las cadencias de las mejores bandas de la Bay Area, sería el preludio del que está considerado como el mejor trabajo de la banda, *Never, Neverland* (1990), en el que participaron Corbun Pharr, como cantante, y Dave Scott Davis, como guitarrista.

Tras una gira como teloneros de Judas Priest y diversos cambios en la formación, en 1993 vió la luz *Set The World On Fire*, ambicioso comercialmente, pero de menor calado musical.

Tras algunos años de irregularidad artística, Waters, uno de los guitarristas más completos de la escena metálica, logró reconducir Annhilator en 2005, con el álbum *Schizo Deluxe*, al que siguieron otros dos trabajos bien recibidos por el público, *Metal* (2007) y *Feast* (2013), aunque algo lejanos respecto a sus clásicos de thrash metal directo y de alcurnia.

Anthrax

Más allá de los cánones del thrash metal

Originarios de Nueva York, ciudad en la que se formaron en 1981, el desparpajo, la intuición y el ansia por no adecuarse a los conceptos musicales preestablecidos le valieron a Anthrax el ser uno de los miembros del reducido y selecto club The Big Four, junto a Metallica, Megadeth y Slayer.

Además de por contemporaneidad, tal honor les vino de la mano de su segundo disco, *Spreading of Disease* (1985), el primero en el que participaron Joey Belladonna y Frank Bello, responsables del sonido clásico de la banda, palpable también en el EP *Armed and Dangerous* (1986) y los discos *Among the Living* (1987), *State of Euphoria* (1988) y *Persistence Of Time* (1990).

La posterior entrada en 1992 de John Bush, en lugar de Belladonna, serviría para que Anthrax continuasen con su evolución musical, de lo que buena muestra es *The Sound of White Noise*, publicado en 1993, año en que Dan Spitz dejó la formación, que desde entonces continúa oficialmente como cuarteto.

Tras la irregularidad de los años noventa , Anthrax se tomaron el inicio del siglo XXI como una oportunidad para vivir una segunda juventud, a pesar de las idas y venidas de Bush y Belladonna en el puesto de vocalista (sin olvidar la etapa con Dan Nelson en la labor), con discos tan notables como *We've Come for You All* (2003) o *Worship Music* (2011), que mantienen a los de la Gran Manzana como una de los grandes nombres del metal.

Anvil

La tenacidad entre las sombras

Originarios de Toronto, Steve 'Lips' Kudlow y Robb Reiner comenzaron a tocar juntos en 1973 y desde entonces han sido los responsables de una banda de rock paradigma de como el tesón y el amor por la música pueden verse, más tarde o más temprano, reconocidos por los aficionados al género.

Así, tras actuar a mediados de los años ochenta en festivales junto a algunas de las grandes estrellas del momento, como Scorpions, Bon Jovi o Whitesnake, y conseguir en Estados Unidos el estar en boca de todos gracias a sus álbumes *Metal on Metal* (1982) y *Forged in Fire* (1983), cuyos méritos han reconocido bandas como Metallica, Pantera o Slayer, Anvil cayeron durante lustros en el olvido absoluto.

No obstante, en 2009 disfrutarían de la justa reivindicación gracias al documental *Anvil!: The Story of Anvil*, dirigido por Sasha Gervasi (guionista de *La Terminal*, película de Steven Spielberg) y presentado en el Festival de Cine de Sundance.

El documental devolvía a Anvil a la actualidad musical, permitiéndoles actuar en festivales como el Download. Aprovechando el momento, en mayo de 2011 el trío publicó *Juggernaut Of Justice* (producido por Bob Marlette y grabado en los estudios de Dave Grohl, líder de Foo Fighters), confirmándolos *Hope in Hell*, de 2013, como una de las bandas elementales del speed metal clásico ante las nuevas generaciones de fans.

As I Lay Dying

El controvertido grindcore californiano

Este quinteto formado en 2001 en San Diego, California, por Tim Lambesis (cantante), Evan White (guitarra) y Jordan Mancino (batería), está considerado como uno de los pioneros del metalcore, con la particularidad de que despiertan tantas pasiones como iras.

En su algo más de una década de existencia, As I Lay Dying han publicado seis discos interesantes, más de la mitad de ellos a través de Metal Blade, sello con el abrieron su vínculo con el cedé *Frail Words Collapse* (2003), del que fueron éxito los temas «94 hours» y «Forever.»

A partir de entonces se produjeron idas y venidas en la formación, aunque siempre con Lambesis como eje central, contando con Phil Sgrosso y Nick Hipa en las guitarras, Jordan Mancino en la batería y Clint Norris al bajo.

Precisamente Lambesis y Grosso produjeron en 2005 *Shadows Are Security*, quizá el título más representativo de la banda, seguido por *An Ocean Between Us* (2007) y *The Powerless Rise* (2010), dos trabajos igualmente recomendables, aunque la crítica especializada se decanta por el último trabajo hasta el momento de los californianos, *Awakened* (2012).

At The Gates

Y un dios creó el sonido Goteborg…

Pioneros del death metal escandinavo y uno de los máximos responsables del denominado 'sonido Göteborg', la mayor aportación de At The Gates es el álbum *Slaughter of the Soul* (1995), considerado como uno de los títulos ejemplares del metal extremo y publicado pocos meses antes de la inesperada disolución de la banda en 1996. En el otoño de 2007 At The Gates comunicaron su regreso, plasmado en su intervención en festivales como Getafe Electric, Roskilde, Wacken Open Air, Hellfest o el Sweden Rock, aunque esta venida se suspendió hasta finales de 2010, cuando la banda anunció una segunda reunión en Goteborg y la intención de actuar en el Metaltown y en el Bloodstock Open Air.

A pesar de ofrecer esporádicas actuaciones por todo el mundo, como la llevada a cabo en el Resurrection Fest de Viveiro en 2012, At The Gates no han vuelto a pasar por un estudio de grabación.

Audioslave

La efímera continuidad de Rage Against the Machine

Supergrupo que entre 2001 y 2007 reunió a Chris Cornell, exSoundgarden, y a Tom Morello, Tim Commerford y Brad Wilk, miembros de Rage Against the Machine.

El primer disco homónimo de la formación, producido por Rick Rubin, apareció en noviembre del 2002, viéndose retrasado su lanzamiento a causa de las discrepancias planteadas por los representantes de los cuatro músicos.

Out of Exile sería el segundo trabajo discográfico, publicado en mayo de 2005, el mismo año en el que Audioslave actuó en La Habana, ante veinte mil espectadores, ignorando el bloqueo de Estados Unidos a Cuba.

En 2006 le llegó el turno a *Revelations*, número 1 en la lista de éxitos de la revista *Billboard* y producido por Brendan O'Brian (Pearl Jam, Rage Against the Machine, Soundgarden, Bruce Springsteen...).

Desafortunadamente, en 2007 Cornell anunció su marcha del grupo, lo que motivó que el resto de integrantes regresasen a Rage Against the Machine, dando así por finiquitada una de las propuestas musicales más llamativas de la primera década del siglo XXI.

Bathory

El truncado destino del padrino del metal vikingo

Banda sueca pionera del black y el viking metal, formada en 1983 por Tomas Forsberg (alias Quorthon), Jonas Akerlund y Freddan Hereafter.

En 1984, dos temas de la banda aparecieron en el álbum colectivo *Scandinavian Metal Attack*, lo que hizo posible que el trío publicase poco después su primer disco, *Bathory*, si bien no fue hasta su tercera producción discográfica, *Under the Sigh of the Black Mark* (1987), cuando Bathory presentaron el título capital de su discografía, con el que se consagraron como puntal del black metal nórdico, manteniéndose como referente con el siguiente *Blood Fire Death* (1988), que marcó un cambio significativo en su música y en sus textos.

Tras el conato de disolución de 1991, en 1994 aparecería *Requiem*, interpretado con el estilo agresivo de sus primeros lanzamientos, mientras que *Octagon* (1995) sería discretamente recibido por los seguidores del grupo, debido a su acercamiento a cadencias industriales.

Posteriormente, Bathory vivieron algunos años irregulares, zanjados con la publicación en 2003 de los álbumes *Nordland I* y *Nordland II*, que, sin duda, hubiesen relanzado la carrera de Bathory, en un momento en el que

el metal vivía una etapa de recuperación. Lamentablemente, esa posibilidad desapareció el 7 de junio de 2004, cuando Forsberg fue hallado sin vida en su apartamento a causa de un paro cardíaco.

Biohazard

La contundente apuesta por la fusión

Banda de hardcore formada en 1987 en Brooklyn, Nueva York, por el guitarra y vocalista Billy Graziadei, el bajista Evan Seinfeld, el guitarrista Bobby Hambel y el batería Danny Shuler.

Biohazard se han caraterizado por su interés en expresar su visión política y social bajo la óptica musical de las bandas de heavy metal clásico británicas y otras más contemporáneas, como Run DMC, Bad Brains o Cro-Mags.

En sus inicios, la prensa los acusó de apología fascista y racismo, lo que la banda desmintió rotundamente, mientras que, por su parte, el público los encasilló prematuramente como una banda hardcore, por compartir escenario con bandas como Cro-Mags o Mucky Pup.

En 1992, Biohazard publicaron su álbum de debut, *Urban Discipline*, considerado su mejor grabación y al que pertenece la canción *Punishment*, cuyo video es uno de los más solicitados en la historia del programa *Headbanger's Ball* de la MTV.

Tras este demoledor inicio, la discografía de Biohazard adoptaría una menor relevancia, aún con trabajos destacables, como *Mata Leao* (1996) o, más tarde, *Means to an End* (2005), que los han mantenido en activo hasta la fecha como referencia ineludible del crossover thrash.

Black Label Society

Respeto por la tradición metálica

Banda de heavy metal formada en 1998 por el guitarrista Zakk Wylde, tras haber sido miembro de la banda de Ozzy Osbourne y haber formado parte de Pride & Glory. En 1996, Wylde editaría su primer álbum como solista, el acústico *Book of Shadows*, preludio de su debut discográfico con Black Label Society, *Sonic Brew* (1999).

A partir de entonces, la BLS ha producido una extensa discografía, recibida con entusiasmo por el público, y de la que destacan títulos como *Stronger than Death* (2000), *Mafia* (2005) o el más reciente *Catacombs of Black Vatican* (2014).

Asimismo, y por lo general, los discos de Black Label Society han obtenido una buena repercusión mediática en Estados Unidos, lo que ha permitido que álbumes como *The Blessed Hellride*, *Hangover Music Vol. VI*, *Order of the Black* o *The Song Remains not the Same* se hayan clasificado en el Top 10 de la lista de álbumes independientes de la revista *Billboard*. Logros que avalan las habilidades de Wylde como compositor e instrumentista y que jutifican su descubrimiento por 'Madman' Osbourne.

Black Sabbath

Los todopoderosos creadores del metal

Banda indispensable, para entender el universo heavy metal, formada en 1967 en Birmingham por el cantante John Michael 'Ozzy' Osbourne (3 de diciembre de 1948), el guitarrista Tony Iommi (19 de febrero de 1948), el bajista Terry 'Geezer' Butler (17 de julio de 1949) y el batería Bill Ward

(5 de mayo de 1948). A su excelente álbum de debut, *Black Sabbath* (1970), producido por Rodger Bain, le siguieron sus primeras obras maestras absolutas, *Paranoid* (1970), número 1 en Gran Bretaña, y *Master of Reality* (1971). El éxito artístico y comercial continuaría con *Vol. 4* (1972), *Sabbath Bloody Sabbath* (1973) y *Sabotage* (1975), pero *Techinical Ecstasy* (1976) y *Never Say Die* (1978) representaron un punto de inflexión a la baja que, unido a su deplorable estado de salud, forzó a Ozzy a iniciar su carrera en solitario.

El gran Ronnie James Dio fue su substituto y con él Black Sabbath grabaron *Heaven and Hell* (1980), otro de sus discos cardinales, producido por Martin Birch. Tras el discreto *Mob Rules* (1981), también con Dio y con Vinnie Appice a la batería, la formación atravesó una vorágine de entradas y salidas de miembros, lo que unido a la presiones y modas del mercado discográfico repercutió en la calidad de sus discos durante algunos lustros.

Dio regresaría puntualmente en 1992 para grabar *Dehumanizer*, pero en 1997 lo haría Ozzy, quien desde entonces ha compaginado su carrera con la del cuarteto, aunque no fue hasta 2013 cuando aceptó grabar un nuevo álbum, *13*, en el que, lamentablemente, no intervino el batería Bill Ward. Treinta y cinco años de espera valieron la pena, pues *13* no es tan sólo uno de los mejores trabajos discográficos de Black Sabbath, sino la justificación ante las nuevas hordas de seguidores de que los de Brimingham fueron los auténticos arquitectos del heavy metal.

Blind Guardian

Metal desde el corazón del viejo continente

Formados en 1985 en Krefeld, Alemania, por Hansi Kürsch (cantante), André Ilbrich (guitarra solista), Marcus Siepen (guitarra rítmica) y Thomas Stauch (batería), Blind Guardian perpetúan el interés de las bandas centroeuropeas por el speed metal, aunque en su caso concreto combinándolo con el thrash e incluso el metal progresivo.

De su discografía, muy respetada por el aficionado al metal, destacan los notables *Tales From Twilight World* (1990) e *Imaginations from The Other Side* (1995), resultado este último de su trascendental alianza con el productor danés Flemming Rasmussen (quien había producido los álbumes *Ride the Lightning*, *Master of Puppets* y *...And Justice for All* de Metallica).

Otro título destacable de Blind Guardian es el que publicaron en 1998, *Nightfall In Middle-Earth*, una grabación conceptual inspirada en *La Tierra Media y Sus Seres*, la novela de J.R.R. Tolkien.

En los primeros años del siglo XXI, el nivel musical de la banda ha seguido en alza, con álbumes como *At The Edge of Time* (2010) o *A Traveler's Guide to Space & Time* (2013).

Blue Öyster Cult

Heavy rock de estadios

A instancias de los representantes Sandy Pearlman y Richard Meltzer, Blue Öyster Cult se formaron en 1969, en Nueva York, con Eric Bloom, Donald 'Buck Dharma' Roeser, Allen Lanier, Joe Bouchard y Albert Bouchard.

La contribución de B.O.C. alcanzó toda su dimensión comercial en los años setenta gracias a un repertorio nada banal y que incluía cierta provocación, lo que les llevó a merecer durante un tiempo el calificativo de «la banda más agresiva de Nueva York». Tras firmar en 1971 por Columbia Records, fue *Secret Treaties*, publicado en el mes de abril de 1974, el disco que les abrió las puertas del éxito, gracias al tema *Career of evil*, en cuya composicion participó Patti Smith, pareja sentimental de Lanier.

Tras el excelente directo *On Your Feet or On Your Knees* (1975) y el éxito del single *Godzilla*, incluido en el álbum *Spectres* (1977), en 1980 Martin Birch (Deep Purple, Rainbow, Whitesnake, Iron Maiden...) les produjo *Cultosaurus Erectus*, con el que BOC lograron cierta repercusión en Europa, afianzada con su participación en la edición de 1981 del festival Monsters of Rock de Donington.

A partir de entonces, y durante los años ochenta, se producen algunos cambios en la formación que conllevan la publicación de discos irregulares, de entre los que destaca *Imaginos* (1988).

Posteriormente, BOC regresarían en tan sólo tres ocasiones al estudio, para producir los discos *Heaven Forbid* (1998), *The Curse of the Hidden Mirror* (2001) y *A Long Day's Night* (2002), continuando en la actualidad en activo y ofreciendo recitales en los que demuestran su rock de calidad y vieja escuela.

Bolt Thrower

Los olvidados instigadores del death metal

Históricos pioneros del death metal británico y poseedores de una no muy extensa aunque interesante discografía, Bolt Thrower se formaron en el mes de septiembre de 1986 por el guitarrista Barry Thomson, el bajista Gavin Ward, el cantante Alan West y el batería Andy Whale.

Aunque sus mejores trabajos discográficos no llegarían hasta los años noventa , su segunda maqueta, titulada *Concession of Pain*, tuvo la suficiente calidad como para que el presentador musical John Peel apostase por ellos, radiándola en su programa de la BBC.

Tras las entradas de Jo Bench como bajista y Karl Willets como vocalista y el paso de Ward a la guitarra, la formación resultante se dio a conocer en Europa, siendo el álbum *Warmaster* (1991) el que les posibilitó realizar su primera gira por Estados Unidos.

Durante los primeros años del nuevo milenio, y a pesar del gran interés despertado, Bolt Thrower publicaron tan sólo dos nuevos álbumes, *Honour, Valour, Pride* (2002) y *Those Once Loyal* (2005), limitando ostensiblemente su actividad en directo a tres únicas giras por Europa.

Candlemass

El doom metal que vino del frío

Con miembros provenientes de Nemesis y Metallicus, en 1985 nace el quinteto sueco Candlemass, pioneros y referencia importante del doom metal, tal y como prueba su primer álbum, *Epicus, Doomicus, Metallicus* (1986), grabado por el bajista Leif Edling, el guitarrista Mats Bjorkman y el bate-

ría Mats Ekstroem. Será la siguiente grabación, *Nightfall* (1987), en la que participan Messiah Marcolin, como cantante, Mats Ekstroem, como batería, y Lars Johansson, como guitarra solista, la que les dé a conocer a nivel mundial, mientras que con Marcolin como vocalista, Candlemass grabaron *Ancient Dreams* (1988) y *Tales Of Creation* (1990). Más tarde, con Mats Vikstroem publicaron *Chapter IV* (1995), que significó un cambio de orientación musical mal recibido por el público, hasta el punto que la formación optó por separarse.

No obstante, en 1997, Edling reunió a la banda, con Michael Amott (exArch Enemy y exSpiritual Beggars) como principal guitarrista, y entre 1998 y 1999 Candlemass publican *Dactilys Glomerata* y *From the 13th Sun*, cuya escasa repercusión provocó la reunión de la formación original en 2002. Desde entonces, y hasta la fecha, la banda ha publicado una decena de álbumes, de entre los que destacan *Candlemass* (2005), con el que ganaron un Grammy, y *Death Magic Doom* (2009).

Cannibal Corpse

Death metal de serie B

En 1989 se forma en la ciudad de Buffalo Cannibal Corpse, una de las bandas de death metal más populares de los años noventa gracias al apoyo incondicional del sello Metal Blade, que dispuso lo necesario para la grabación y edición del primer disco *Eaten Back To Life*.

Aún protagonizando una de las trayectorias más regulares de los últimos años en el death metal, Cannibal Corpse han sufrido algunos cambios importantes en su alineación, como la marcha en 1994 de Chris Barnes, pieza fundamental, quien prefirió iniciar su propia carrera al frente de Six Feet Under.

Con George 'Corpsegrinder' Fisher en su lugar, Cannibal Corpse experimentaron un cambio de rumbo artístico que los llevó a su madurez musical, reflejada en los siguientes ocho discos en estudio, de entre los que cabe citar *Vile* (1996), *Gore Obsessed* (2002), *Kill* (2006) y *Torture* (2012), que los han consolidado como puntal indiscutible del death metal norteamericano.

Carcass

Grindcore desde Liverpool

Notable banda británica de death metal, originaria de Liverpool, formada en 1985 por el cantante y guitarrista Bill Steer y el batería Ken Owen. Tras la incorporación en 1987 del bajista Jeff Walker, en 1988 Carcass publican su primer disco, *Reek of Putrefaction*, distribuido, al igual que el resto de sus álbumes hasta 1996, por el sello Earache.

De su etapa en el sello británico, actualmente con sede en Nueva York, se aprecia una evolución artística a raíz del disco *Necroticism: Discanting the Insalubrious* (1991), clásico del death metal junto a *Heartwork* (1994).

Carcass no dudarían en ampliar su sonido hasta el grindcore, aunque las posibilidades musicales quedaron truncadas a mediados de los años noventa , cuando la banda se disolvió.

Tras formar parte de Napalm Death y Firebird, y mientras el resto de miembros hacían lo propio con Black Star, en 2007 Steer propició una eventual reunión de Carcass para ofrecer nuevas actuaciones y, ya en el mes de septiembre de 2013, publicar un nuevo y excelente álbum, *Surgical Steel*.

Cathedral

Melodía doom inacabada

Formación británica de doom metal, fundada en 1989 por el vocalista Lee Dorrian tras su marcha de Napalm Death.

En sus inicios, Cathedral tomaron como referencia bandas como Pentagram, Saint Vitus, Candlemass o Dream Death, añadiendo a su propuesta particular elementos progresivos y del stoner rock. Tras una primera gira compartida con S.O.B., Morbid Angel, Saint Vitus, The Young Gods y Cra-

nes, en 1991 Cathedral publicaron su opera prima, *Forest of Equilibrium*, ejemplo del doom metal más puro e introductor de la que fue la segunda ola de doom metal británico, a la que pertenecen bandas como My Dying Bride, Anathema o Paradise Lost.

En 1993, el disco *The Etheral Mirror*, de tono stoner rock mucho más marcado, daría lugar a la gira Gods of Gris Tour, siendo, además, el avance de una serie de trabajos de gran factura, como *The Carnaval Bizarre* (1995), *Caravan Beyond Redemption* (1998) o *The Seventh Coming* (2002).

Por sorpresa, tras el lanzamiento de *The Guessing Game* (2010), uno de los mejores trabajos de su carrera, en el mes de febrero de 2011 la banda anunció su retirada, editando a finales de aquel mismo año su único disco en directo, *Anniversary*, formado por dos cedés: el primero con la reinterpetación de «Forest of Equilibrium», a cargo de la formación original, mientras que el segundo reunía los temas más representativos de toda su discografía.

Cavalera Conspiracy

Los viejos metaleros nunca mueren

Banda brasileña de thrash metal formada por los hermanos Max e Igor cavalera, ambos antiguos miembros de los indispensables Sepultura. Su álbum de debut, *Inflikted*, distribuido por el sello Roadrunner Records en 2008, se grabó en los estudios Undercity de Los Angeles, contando con la colaboración de Rex Brown, bajista de Pantera y Down, y de Ritchie Cavalera, hermanastro de Max. El disco obtuvo una excelente acogida en Estados Unidos, país en el que consiguió colarse en el Top 100 de la prestigiosa revista *Billboard*.

Tras reemplazar en las tareas vocales a Joe Duplantier, de Gojira, por Johnny Chow (Fireball Ministry), y dedicar algunos años a darse a conocer por todo el mundo como un proyecto estable y sin relación a los difícilmente inolvidables Sepultura, en 2011 Cavalera Conspiracy volvían a ser noticia por su segundo disco, *Blunt Force Trauma*, en el que participan Johny Chow, al bajo, y Marc Rizzo, en la segunda guitarra. El disco motivó una nueva gira internacional, que finalizaría tras una breve serie de conciertos por Australia en el mes de noviembre de 2012. Tras disfrutar de un año sabático, a comienzos del mes de enero de 2014 los hermanos Cavalera confirmaron su entrada en el estudio para grabar el tercer disco de la banda.

Celtic Frost

El metal extremo que arrasó desde la plácida Suiza

No es poco el papel de los suizos Celtic Frost en la escena del metal extremo, puesto que ellos ayudaron a perfilar las principales señas de identidad del heavy metal europeo, en las vertientes del black, doom y death metal.

Formados en Zurich a mediados de 1984 por el guitarrista y cantante Thomas Gabriel Fischer, el bajista Martin Eric Ain y el batería Stephen Priestly, durante los siguientes seis años Celtic Frost publicaron otros tantos álbumes, destacando *Morbid Tales* (1984), *To Mega Therion* (1985) e *Into the Pandemonium* (1987), a los que la crítica especializada tildó de 'avant-garde metal'. Problemas económicos, de relaciones entre los miembros y con el sello discográfico forzaron la momentánea disolución de la banda, aunque Gabriel 'Warrior' Fischer la reformó con Priestly a la batería y el bajista Curt Victor Bryant para grabar *Cold Lake* (1988), disco que decepcionó a sus seguidores por la inesperada orientación hacia el hard rock más comercial.

Tras el más satisfactorio *Vanity/Nemesis* (1990) y el álbum de compromiso *Parched With Thrist Am I and Dying* (1992), Celtic Frost permanecieron inactivos hasta 2006, año en el que vio la luz *Monotheist*, grabación con la que recuperaban la esencia de sus mejores trabajos y motivo de una gira por Europa, Estados Unidos y Japón. Sin embargo, en octubre de 2008 la banda comunicó su separación oficial, presumiblemente por discrepancias personales.

Children of Bodom

Melodías brutales desde Finlandia

Formados en 1993 por el cantante y guitarrista Alexi Laiho y el batería Jaska Raatikainen bajo el nombre de Inearthed, Children of Bodom son unas de las bandas más extremas de Finlandia. De hecho, su propio nombre se inspira en un turbio homicidio múltiple ocurrido en el Lago Bodom, próximo a Helsinki, durante los años 1960. Con su primer disco, *Something Wild* (1998), el quinteto sorprendió por su virtuosismo, consolidando su carrera con los siguientes *Hatebreeder* (1999) y *Follow the Reaper* (2001).

La discografía de Children of Bodom se caracteriza tanto por su contundencia, como por la inclusión de una faceta melódica, lo que les ha convertido en una influencia para las bandas actuales. No obstante, también se han aproximado a sonidos más modernos, lo que atestigua el álbum *Are You Dead Yet?* (2005), manteniéndose de manera indiscutible con sus más recientes grabaciones, *Relentless, Reckless Forever* (2011) y *Halo of Blood* (2013), entre las bandas supremas del metal escandinavo.

Cinderella

El cuento que se hizo realidad

Tom Keifer (cantante y guitarra), Jeff LaBar (guitarra), Eric Brittingham (bajo) y Fred Coury (batería) son los sempiternos miembros de Cinderella, uno de los más refinados cuartetos de hard rock norteamericano.

Cuando Cinderella publicaron en 1986 *Night Songs* los más osados los consideraron una burda imitación de Bon Jovi. Craso error, puesto que su propuesta musical debe mucho más al cancionero de AC/DC o Aerosmith que a la banda de Jon Bon Jovi, curiosamente responsable de que Mercury Records fichase al grupo de Tom Keifer.

La confirmación de que Cinderella iba a ser una de las bandas americanas de hard-rock más interesantes llegaría con su segundo elepé, *Long Cold Winter* (1988), en el que el cuarteto exponía su gusto por el blues y el rock de altos vuelos.

Al igual que el resto de formaciones *sleazy rock* surgidas en California a finales de los ochenta, Cinderella se verían afectados por el *grunge* y su álbum *Still Climbing* (1994) se toparía con el desinterés y la oposición de la todopoderosa MTV y de las radios americanas de alcance nacional.

No obstante, Cinderella han sabido mantener su reputación de banda inspirada y profesional actuando regularmente (que recordar la gira de 2002 por Estados Unidos que les llevó a compartir escenario con Poison, Dokken y Slaughter) y volviendo a publicar nuevo material, caso de su último disco en estudio, *Caught in the Act* (2011).

Coal Chamber

Hijos de lo efímero

Considerados por algunos como un cruce entre Korn y Marilyn Manson, los efímeros Coal Chamber devinieron en una formación de mayor proyección comercial que musical. De hecho, tres de sus discos, *Coal Chamber* (1997), *Chamber Music* (1999), su obra más recomendable, y *Dark Days* (2002), entraron en el Top 40 americano, mientras que su tema «Shock the monkey», versión de Peter Gabriel, fue Top 30 en 1999. En cuanto a su estilo, Coal Chamber jugaron con el nu metal y el gothic metal.

Desafortunadamente, las malas relaciones, personales y artísticas, en el seno de la formación desembocaron en la disolución de esta en 2005, tras la cual sus miembros se dispersaron en combos como Devil Driver, Glass Piñata y Butterfly Knife.

En 2011 hubo un intento de reconciliación y Coal Chamber se reunieron para aparecer en el festival Soundwave de Australia, pero desde entonces no han vuelto a trabajar juntos.

Coroner

La inmortalidad de una breve carrera

A pesar de lo conciso de su discografía y de su trayectoria, Coroner, iniciados en el mundo de la música como roadies de sus compatriotas Celtic Frost, son uno de los nombres más respetados del metal progresivo internacional. Formados en 1983 en Zürich, sus complejas composiciones les hicieron ganarse el favor de la prensa especializada a lo largo de sus ocho años de actividad, durante los cuales publicaron cinco álbumes, de entre los que destacan especialmente tres: *Punishment for Decadence* (1988), *Mental Vortex* (1991) y *Grin* (1993).

Sin haber obtenido un claro éxito comercial, su inquietud artística ha permitido que sus discos resistan el paso del tiempo mejor que muchos de los publicados por artistas contemporáneos suyos, convirtiéndose en una de las bandas más respetadas y añoradas por los seguidores el metal.

Por ello, en 2011 Marquis Marky, Ron Royce y Tommy T. Baron (acompañados del teclista Daniel Stoessel) decidieron regresar al negocio musical, participando en los festivales Ímpetus (Suiza), Deathfest (Estados Unidos) y Hellfest (Francia), actuaciones que significaron el avance de un relajado retorno a los escenarios de Europa y Australia.

Corrossion of Conformity

La aplastante puesta en escena del crossover

Poseedores de una envidiable reputación como banda de escenario, Corrosion of Conformity, formados en 1982, fueron pioneros del denominado crossover thrash. Su primer trabajo discográfico fue para el álbum colectivo *Why Are We Here?* 7», de 1983. Tras la marcha de Benji Shelton, las tareas de vocalista recayeron en el batería Reed Mullin y el bajista Mike Dean, quienes se estrenaron en tal función en *Animosity* (1985), segundo título de la discografía de COC, considerado como unos de los grandes discos del crossover.

A finales de los años ochenta, COC llevaron a cabo una profunda reforma de miembros, entrando Phil Swisher como bajista, Karl Agell como cantante y Pepper Keenan como segundo guitarra. Con estas incorporaciones, el grupo se aproximó al heavy metal más heterodoxo, tal y como demostraron en *Blind* (1991). En 1994, tras una serie de nuevas idas y venidas de miembros, firman con Columbia Records y publican *Deliverance*, su mayor éxito comercial, pasando tras el siguiente, *Wiseblood* (1996), a formar parte del sello Sanctuary Records, con el que editaron *American's Volume Dealer*, en noviembre de 2000. A lo largo de los siguientes doce años, COC tan sólo publicarían dos nuevos aunque meritorios trabajos, *In The Arms of Gods* (2005) y *Corrosion of Conformity* (2012), que les han valido el mantenerse como una de las formaciones más relevantes del metal internacional.

Cradle of Filth

La templada evolución del black metal

Aunque clasificado como uno de los mejores grupos del black metal británico, en la discografía de Cradle of Filth, formados en 1991 en Suffolk, se dan cita reminiscencias del thrash, el black metal sinfónico y, en los últimos tiempos, el goth metal de tonos comerciales.

Dani Davey (cantante), John Richard (bajo) y los hermanos Paul y Benjamin Ryan (guitarra y teclista, respectivamente), grabaron en 1992 su primera maqueta, *Invoking the Unclean*, debutando profesionalmente en 1994 con el álbum *The Principle of Evil Made Flash*.

Tras *Dusk and Her Embrace* (1997), considerado como su obra maestra, y *Midian* (2000), otro de sus discos más aclamados, en los últimos años Cradle of Filth han continuado engrosando su discografía de manera regular, con algún título destacable, como *Nymphetamine* (2004) o el más reciente *The Manticoreand Other Horrors* (2012).

Cro-Mags

La intensa leyenda hardcoriana

Banda hardcore de Nueva York, popular en su momento por su novedosa combinación de hardcore y metal y unas potentes actuaciones.

Tras formarse en 1984, en 1986 publicaron su primer disco, *The Age of Quarrel*, título fundamental del hardcore metal. Tras la posterior ausencia temporal de su cantante, John Joseph, la banda grabaría *Best Wishes* (1989), considerado por la prensa especializada como uno de los mejores discos del crossover.

De nuevo con J. Joseph, Cro-Mags lanzaron en 1992 *Alpha Omega* y un año más tarde *Near Death Experience*, producciones de escaso nivel musical y tras los cuales el grupo decidió separarse.

No obstante, en 1999, Joseph y Harry Flanagan, el bajista original de la formación, arrinconaron sus diferencias y reunieron Cro-Mags para ofrecer un único concierto en el famoso CBGB de Nueva York y publicar en 2000 el disco *Revenge*, en el que participó el guitarrista Rocky George (exSuicidal Tendencies y exFishbone), cuya sonoridad les devolvía a sus raíces musicales. Pero una vez más, las disputas acabaron definitivamente con la banda, a pesar de que en 2008 Joseph participó en el Fun Fun Fun Fest de Austin bajo el nombre de Cro-Mags.

Crowbar

Orfebres sureños del sludge

Cuarteto de sludge, considerado como uno de los puntales de la escena metálica de Nueva Orleáns, influenciados por Black Sabbath y decadencias similares a formaciones actuales como Down o Corrosion of Conformity.

Formados en 1990 por Kira Windstein, Kevin Nonnan, Craig Numemacher y Todd Strange, el primer álbum de Crowbar, *Obedience Through Suffering* (1991), aunque notable, no contó con una adecuada distribución, la cual sí recibió el siguiente *Crowbar* (1993), producido por Phil Anselmo (Pantera, Down y Superjoint Ritual) y apoyado por el programa *Headbanger's Ball* de la MTV; además, sus temas «All I had (I gave)» y «Existence is punishment» fueron incluidos en la popular serie de dibujos animados *Beavis and Butthead*.

En 1996 Nunenmacher dejó la banda, siendo reemplazado por Jimmy Coger (Down y Eyehategod), con el que Crowbar grabaron *Broken Glass*, aunque cuatro años después Nunenmacher se reincorporaría para la gira 'Penchant For Violence Tour', llevada a cabo junto a Black Label Society y Sixty Watt Shaman. Ya en pleno siglo XXI, Crowbar continúan actuando y grabando discos meritorios, como *Lifesblod for the Downtrodden* (2005), con Rex Brown, de Pantera, como bajista, o *Sever The Wicked Hand* (2011), en los que han recuperado su estilo original, especialmente apreciado en Europa.

The Cult

La fiel perspectiva del hard rock anglosajón

Más que referentes ineludibles del rock británico, The Cult son una de las bandas clásicas e indiscutibles del hard rock mundial.

Formados en 1984 en Bradford, Inglaterra, por Ian Astbury, Billy Duffy, Jamie Stewart y Ray Mondo, The Cult evolucionaron rápidamente del rock gótico de sus inicios hasta el hard rock, estilo con el que grabaron uno de los títulos más imprescindibles de los años ochenta, *Electric* (1987).

Con el siguiente, *Sonic Temple* (1989), otro de los mejores referentes musicales del género, consiguieron adentrarse en las listas de éxitos de Estados Unidos.

Tras los menos logrados *Ceremony* (1991) y *The Cult* (1994), la banda, definitivamente liderada por Astbury y Duffy, decidió separarse, aunque a finales de los años noventa decidieron reunirse y grabar el álbum *Beyond Good and Evil* (2001), que les devolvió a una segunda etapa de esplendor, jalonada por tres nuevos discos, de los cuales *Choice of Weapon* (2012) es el mejor ejemplo de la incontestable grandeza de esta formación.

Dark Tranquility

Atormentada pasión musical

Este sexteto de death metal melódico es otro de los grandes puntales del denominado sonido Göteborg, reconocimiento que viene avalado por la consecución de un Grammy por su álbum *Projector* (1999).

Su apadrinamiento con el citado movimiento sueco de metal extremo surgió a raíz de la publicación de su primer disco, *Skydancer* (1993), viéndose conectados con la escena de Göteborg tanto a nivel profesional como personal, puesto que Niklas Sundin y Anders Friden han colaborado con otro de los grupos importantes del movimiento, In Flames.

Desde su propia posición, Dark Tranquility definieron las pautas del death metal melódico escandinavo con su segundo álbum, *The Gallery* (1995), a través de la voz de Mikael Stanne y las complejas progresiones de Martin

Henriksson y Niklas Sundin a las guitarras. El nuevo milenio ha mantenido a Dark Tranquility entre lo más selecto del estilo, gracias a grabaciones impecables y altamente recomendables, como *Damage Done* (2002), *Fiction* (2007) o *We Are the Void* (2010).

Death

Lo extremo en el ADN musical

A caballo entre el death metal y el grindcore y originalmente formados en 1983 por Chuck Schuldiner bajo el nombre de Mantas (en homenaje al guitarrista de Venom, toda una declaración de principios), Death iniciaron su carrera una vez Schuldiner se trasladó en 1985 a San Francisco, donde contactó con el batería Chris Reifert, el guitarrista John Hand y el bajista Steve DiGiorgio.

A través del sello Combat Records, Death publicaron algunos de sus mejores trabajos, como los excelentes *Scream Bloody Gore* (1987), *Human* (1991) e *Individual Thought Patterns* (1993). Las posteriores variaciones en su alineación no perjudicaron la calidad de los siguientes *Symbolic* (1995) y *The Sound of Persevernace* (1998), siendo precisamente este último el que está considerado como su mejor trabajo discográfico. Poco después, Schuldiner se retiraría de la escena musical debido a un cáncer que tristemente acabó con él en el mes de diciembre de 2001.

Deep Purple

La señorial saga del heavy rock

Deep Purple, junto a Led Zeppelin y Black Sabbath, son una de las mayores aportaciones al rock duro, puesto que sin el legado de ninguno de ellos, maestros artesanos del heavy rock, difícilmente podría entenderse la evolución del género. Tras haberse formado en 1968 en Hertfordshire, Inglaterra, bajo el nombre de Rondabout, en 1970 aparecería su cuarto álbum, el gran clásico *Deep Purple In Rock*, en el que intervino la formación más

afamada del grupo: Ian Gillan, Ritchie Blackmore, Ian Paice, Roger Glover y John Lord. El siguiente, *Machine Head* (1972), además de su mayor éxito comercial hasta entonces, se convirtió también en su primera obra maestra, gracias a temas como «Smoke on the water», dotado del riff más famoso del rock, o «Highway star».

Tras el directo *Made In Japan* (1972), clásico de los discos en directo de rock, Gillan y Glover abandonaron el grupo, siendo reemplazados por Glen Hughes y David Coverdale, quienes acercaron a los Purple al rhythm and blues. En 1975, Blackmore también abandonaría la banda para formar Rainbow, otra banda mítica del rock duro, siendo su lugar ocupado por el malogrado Tommy Bolin. Pero meses después el grupo decidió separarse tras el concierto del 15 de marzo de 1976 en el Empire Theatre de Liverpool.

No obstante, en 1984 Gillan, Blackmore, Paice, Lord y Glover se reúnen y publican *The House of Blue Light*, disco que se alejaba de sus grandes grabaciones del pasado y cuya grabación avivó las viejas rencillas entre Gillan y Blackmore; de ahí que en 1989 el primero fuese despedido y sustituido por Joe Lynn Turner, a su vez reemplazado pródigamente en 1992 por Gillan, con el que los Purple grabaron *The Battle Rages On*. Fue entonces Blackmore quien abandonaría definitivamente la banda, ocupando su lugar Steve Morse. Posteriormente, en 2002 John Lord (fallecido en

2012), también dejaría el grupo, siendo sustituido por Don Airey. El último disco publicado hasta la fecha por Deep Purple, *Now What?!* (2013), con Gillan, Morse, Glover, Paice y Airey confirmaba la capacidad de unos músicos dotados de un enorme talento y con una propuesta que sigue vigente tras más de cuatro décadas.

Def Leppard

El desembarco del hard rock británico en USA

Formados en 1977 en Sheffield, Inglaterra, Def Leppard son el ejemplo perfecto de poderosas guitarras al servicio de la melodía y las listas de éxitos.

Tras autoproducirse en 1978 su primera grabación, el EP *Getcha Rocks Off*, la producción de su primer disco, *On Through the Night* (1980), a cargo de Tom Allom, no satisfizó a la banda, de ahí que a partir del siguiente decidiesen contar con John 'Mutt' Lange como productor. Con él grabaron *High and Dry* (1981) y *Pyromania* (1983), del que, ya con Phil Collen como guitarrista, fue single superventas el tema «Photograph». Pero el incipiente

éxito a ambos lados del Atlántico se vió empañado por el accidente de circulación que sufrió el batería Rick Allen, debido al cual perdió el brazo izquierdo. A pesar del funesto incidente, el grupo decidió seguir contando con él, encargando la construcción de una batería que se adaptase a su limitación física y con la que grabarían su mayor éxito comercial, el álbum *Hysteria* (1988), con unas ventas de veinte millones de copias en la actualidad.

Por desgracia, la tragedia volvería a cernirse en el quinteto británico, con el fallecimiento, a principios de 1991, de su guitarrista Steve Clark. Su substituto fue Vivian Campbell (Sweet Savatage, Dio, Thin Lizzy), junto al cual Def Leppard han continuado con una carrera ininterrupida de giras por todo el mundo y una serie de nuevos discos de sonido comercial, aunque sin obviar la calidad, de entre los que destacan *Euphoria* (1999) y *Yeah!* (2006).

Deftones

El metal alternativo de Chino Moreno

Banda de metal alternativo formada en 1988 en Sacramento, California, por Chino Moreno (cantante), Stephen Carpenter (guitarra), Abe Cunningham (batería), Chi Cheng (bajo) y Frank Delgado (samplers).

Su primer álbum, *Adrenaline*, apareció en 1995 a través del sello de Madonna, Maverick Records, consiguiendo el puesto 23 de la lista de éxitos de la revista *Billboard*. Con *Around the Fur* (1997) Deftones lograron triunfar en Gran Bretaña, gracias al single *My own summer*, incluído en la banda sonora de la película *Matrix*.

Con los siguientes *White Pony* (2000), otro de los grandes títulos de su discografía, *Deftones* (2003), *Saturday Night Wrist* (2006), *Diamond Eyes* (2010) y *Koi No Yokan* (2012), el quinteto ha terminado por confirmarse como uno de los nombres más serios y estables del metal estadounidense, de sonido único, personal e inconfundible.

Deicide

Sacrilegios metálicos

Controvertido cuarteto de death metal formado en Tampa, Florida, en 1987, que inició su singladura discográfica con la edición de dos maquetas, *Amon, Feasting the Beast* (1987) y *Sacrificial Suicide* (1989), previas a su constitución formal, en 1989, bajo el definitivo nombre de Deicide, propuesto por la discográfica Roadrunner Records. Por entonces la banda estaba compuesta por Glen Benton (voz y bajo), Steve Asheim (batería) y los hermanos Eric y Brian Hoffman (guitarras).

Precisamente la técnica y la veloz digitación de los hermanos Hoffman permitió a Deicide conseguir un sonido único, desarrollado sobre unas complejas estructuras, que se plasmó a la perfección en su primer y fundamental álbum, *Deicide* (1990). Tras este, la discografía del cuarteto resultó menos inspirada, si bien hasta la marcha en 2004 de los Hoffman, el grupo presentó discos meritorios como *Once Upon the Cross* (1995) y *Insineratehymn* (2000). Los Hoffman serían reemplazados por Jack Owen (exCannibal Corpse) y, más tarde, Ralph Santolla (Death, Iced Earth, Sebastian Bach...), que participaron en la producción de *The Stench of Redemption* (2006), uno de los discos más vendidos de la banda, aunque resultado de la misma irregularidad creativa que los más recientes *To Hell with God* (2011) e *In the Minds of Evil* (2013).

Destruction

La respuesta teutónica al thrash americano

Junto a Kreator y Sodom, Destruction conforman el núcleo original del thrash metal alemán o, lo que es casi lo mismo, la respuesta del Viejo Continente al 'The Big Four' americano.

Formados bajo el nombre de Knight of Demon en 1982, en Lörrach, por el bajista y cantante Marcel Schmier, el guitarrista Mike Sifringer y el batería Tommy Sandmann, ya como Destruction, la banda publicó en 1985 su primer álbum, *Infernal Overkill*, seguido por sus dos mejores trabajos discográficos,

Eternal Devastation (1986) y *Release from Agony* (1988). En 1989, Schmier y Sandmann abandonaron el trío, aunque el primero regresaría en 1999, en mitad de un contínuo ir y venir de miembros y una serie de discos irregulares que se sucedieron hasta mediados de la primera mitad del siglo XXI, cuando álbumes encomiables como *Inventor of Evil* (2005), *D.E.V.O.L.U.T.I.O.N.* (2008) o *Day of Reckoning* (2011) permitieron reconocer a Destruction como una de las formaciones claves del metal extremo.

Dimmu Borgir

Gélidas sinfonías

Banda de black metal sinfónico fundada en Oslo en 1993 por Ian Kenneth Akesson (alias Tjodalv), Stian Thoresen (Shagrath) y Sven Atle Kopperud (Silenoz).

Dimmu Borgir se caracterizan por el innovador uso de los teclados y los arreglos orquestales, contando con una extensa discografía, nueve álbumes, a caballo entre lo purista del estilo y lo comercial y especialmente apreciada en los países nórdicos, en donde han tenido un gran éxito sus álbumes *Enthrone Darkness Triumphant* (1997), *Puritanical Euphoric Misanthropia* (2001) y *Death Cult Armageddon* (2003). Este último, además, consiguió entrar en las listas de éxitos nortemaricanas, al igual que *Abrahadabra* (2010), Top 50 en Estados Unidos.

El éxito de Dimmu Borgir radica asimismo en su estética, la cual, trasladada a sus actuaciones, ha hecho factible su participación en eventos internacionales del calibre de Inferno Festival, Ozzfest, Download o Wacken Open Air.

Dio

El gran señor del metal

Nacido como Ronald James Padavona en Pourtsmouth, New Hampshire, el 10 de julio de 1942, Ronnie James Dio es una leyenda del heavy metal internacional, tanto por sus cualidades vocales como por haber sido miembro de bandas tan relevantes como Black Sabbath o Rainbow. Con los primeros grabó, entre otros, el clásico atemporal *Heaven and Hell* (1980), mientras que con la formación liderada por el guitarrista Ritchie Blackmore participó en títulos igualmente esenciales como *Rainbow* (1975), *Rising* (1976) o *Long Live Rock & Roll* (1978). De su discografía en solitario destacan álbumes como *Holy Diver* (1983), *The Last in Line* (1984) o *Magica* (2000).

Merece recordarse su paso previo por Elf, quienes en 1971 fueron descubiertos por los miembros de Deep Purple Ian Paice y Roger Glover, que se ofrecieron a producirles su primer disco, *Elf* (1972), y llevarlos de teloneros en su gira por Europa y Estados Unidos.

En 2006, Dio volvería a reunirse con Tony Iommi y Geezer Butler, además de con el batería Vinny Appice, para dar vida a Heaven and Hell, grupo que tras grabar el brillante *The Devil You Know* (2009) ofreció una extensa gira mundial, entre los años 2007 y 2009, que recorrió Europa, Estados Unidos y Sudamérica.

Lamentablemente, el 16 de mayo de 2010 el gran señor del metal fallecería a causa de un cáncer de estómago.

Dismember

Diez años de death metal

Ejemplo perfecto del death metal escandinavo, Dismember, formados en Estocolmo en 1988 por Robert Senneback (cantante y bajista), David Blomqvist (guitarra) y Fred Estby (batería), publicaron en 1991 su primer disco, el magistral *Like an Ever Flowing Stream*, logrando con su tercer trabajo, *Indecent and Obscene*, introducirse en el mercado estadounidense, en el que triunfaron con el tema «Dreaming in red», cuyo videoclip fue emitido asiduamente por el programa *Headbanger's Ball* de la MTV.

Massive Killing Capacity (1995), otro de sus grandes trabajos, supuso una evolución en su estilo hacia una vertiente más técnica, significando otro cambio en su concepto musical *Where Ironcrosses Grow* (2004) y *The God That Never Was* (2006), influenciados por el metal británico.

El último gran momento de Dismember fue su inclusión en el tour Masters of Death, junto a Grave, Unleashed, Entombed y Exterminator, una serie de actuaciones que precedería al inesperado anuncio de disolución, emitido en el mes de octubre de 2011.

Dokken

El refinamiento y la complejidad del pop metal estadounidense

Una de las referencias más refinadas del pop metal, formado en Los Angeles en 1978 bajo el nombre original de The Boyz, de la mano del guitarrista George Lynch y el cantante Don Dokken. Tres años después grabarían su primer álbum, *Breaking The Chains* (1983), promocionado con una gira por

Alemania, tras la cual Dokken firmaron con Elektra Records. En 1984, ya con Jeff Pilson como bajista, publican *Tooth And Nail*, disco que inicia el clímax de su discografía, formado por los siguientes *Under Lock and Key* (1985), *Back for the Attack* (1987) y el directo *Best from the East* (1988). Tras este último, las malas relaciones entre Dokken y Lynch provocaron la disolución temporal del grupo, hasta que en 1995 John Kalodner logró reunir de nuevo al cuarteto, haciendo que este firme con Columbia Records, sello con el que publicaron *Dysfunctional*, seguido, ya en 1997, por *Shadowlife*.

En 1998 Lynch abandonó definitivamente la banda, siendo sustituido sucesivamente por Reb Beach (con el que Dokken grabaron *Erase The Slate*), John Norum (*Long Way Home* -2002-) y Jon Levin (*Broken Bones* -2012-), lo que ha hecho que Dokken sea el proyecto particular del vocalista que le da nombre.

Down

El supergrupo del stoner rock

Formación de stoner metal formada en 1991 en Nueva Orleáns por el cantante Phil Anselmo, antiguo integrante de Pantera; los guitarristas Pepper Keenan, de Corrosion of Conformity, y Kirk Windstein, de Crowbar; el bajista Todd Strabge, también exCrowbar, y el batería Jimmy Coger, de Eyehategod.

Hasta la fecha, la discografía de la banda se resume en tres únicos álbumes, *NOLA* (1995), *Down II: A Bustle in Your Hedgrow* (2002) y *Down III: Over the Under* (2007), siendo el primero de ellos una de las grabaciones referentes del sonido stoner, consiguiendo además una buena acogida en las listas de éxitos norteamericanas, en las que debutó en el número 55, alcanzando rápidamente unas ventas de un millón de discos.

Debido a los compromisos con sus principales bandas, Down no ha tenido uan formación estable, de ahí que a comienzos del nuevo milenio Rex Brown, de Pantera, entrase como bajista, participando en la grabación de *Down II*..., que, aunque menos logrado que su predecesor, consiguió subir hasta el número 44 de la lista de éxitos de la revista *Billboard*. Mejor suerte corrió *Down III*..., número 26 en Estados Unidos y muy bien acogido por la prensa y por el público.

Los rumores de que Down tenían grabado un nuevo álbum vienen sucediéndose en los últimos años, aunque los únicos lanzamientos hasta el momento han sido dos EP titulados *Down IV Part I* y *Down IV Part II*, publicados, respectivamente, en 2012 y 2014.

En lo que sí ha puesto empeño la banda ha sido en sus presentaciones en directo (con Pat Bruders, de Crowbar, como bajista), girando principalmente por Estados Unidos y ofreciendo esporádicas fechas en festivales europeos.

Dream Theater

La técnica al servicio de la música

Formados en Nueva York en 1986 bajo el nombre de Majesty por Mike Portnoy, John Myung y John Petrucci (después se les unirían James LaBrie y Jordan Rudess), Dream Theater es la banda más emblemática del metal progresivo, gracias a la insuperable técnica de sus miembros y a una discografía de gran calidad que se inició con el álbum *When Dream & Day Unite* (1989), seguido de *Images and Words* (1992), su disco más vendido, Disco de Oro en Estados Unidos y número 61 en la lista de éxitos de la revista *Billboard*.

Awake (1994) y *A Change of Seasons* (1995) se mantendrían en la línea de sus grandes producciones, categoría en la que se circunscriben otros títulos posteriores como *Metropolis, Pt 2: Scenes from a Memory* (1999),

Six Degrees of Inner Turbulence (2002) y *Train of Thought* (2003). Con *A Dramatic Turn of Events* (2011), con Mike Mangini a la batería, Dream Theater consiguieron el primer puesto de la lista Rock Chart británica, mientras que la canción *On the backs of angels* fue nominada a los Grammy en la categoría de Mejor Interpretación de Hard Rock/Metal. El último disco hasta la fecha de la formación neoyorquina es *Dream Theater*, un buen trabajo publicado el 23 de septiembre de 2013 que los mantiene como los adalides de su estilo.

D.R.I.

Los creadores del crossover

Dirty Rotten Imbeciles, popularmente conocidos como D.R.I., es una banda de crossover thrash que a pesar de su limitado éxito comercial ha sido una clara influencia para otras formaciones contemporáneas, como Suicidal Tendencies, Stromtroopers of Death o Cryptic Slaughter. Precisamente a D.R.I. se debe el término crossover , con el que ellos mismos titularon su álbum de 1987.

Formados en 1982 en Houston, Estados Unidos, por Spike Cassidy (guitarra), Kurt Brecha (cantante), Eric Brecha (batería) y Dennis Jonson (bajo), la discografía de D.R.I. se extiende desde 1984 hasta 1995, iniciándose con el imprescibile *The Dirty Rotten LP*, para luego continuar con títulos menos logrados a los que *Full Speed Ahead* puso colofón.

Por contra, desde su primer concierto, celebrado el 2 de julio de 1982, en el Joe Star's OMNI de su Houston natal, la banda no ha cesado de actuar en directo; así, por ejemplo, la agenda de conciertos del grupo para el primer semestre de 2014, incluía treinta y cinco fechas repartidas por Estados Unidos, México y Australia, frenética actividad que confirma el gran interés que todavía siguen despertando Dirty Rotten Imbeciles después de más de tres décadas.

Emperor

Los innovadores del black metal escandinavo

Los noruegos Emperor fueron una de las más innovadoras y llamativas propuestas del black metal escandinavo, formados en 1992 por el cantante y guitarrista Vegard Sverre Tveitan, el batería Tomas Haugen y el bajista Havard Ellefsen.

Adscritos al denominado Inner Circle, controvertido movimiento de bandas de black metal noruegas y suecas, algunas de ellas relacionadas con violentos actos vandálicos, Emperor se mantuvieron en activo hasta 2001, aunque en 2006 volverían a reunirse para ofrecer algunos conciertos hasta finales de 2007. Su discografía la forman cinco álbumes de estudio: *Wrath of the Tyrant* (1992); *In the Nightside Eclipse* (1994), considerado junto a *Anthems to the Welkin at Dusk* (1997) referencias fundamentales del black metal; *IX Equilibrium* (1999), con el que daban cabida a los sintetizadores, y *Prometheus: The Discipline of Fire & Demise* (2001), conocido como «el álbum de Ihsahn», ya que su música y letras fueron creadas por Tveitan, alias Ihsahn.

El reciente interés que suscita el metal escandinavo y el que de por si despierta su repertorio propiciarían que en el mes de agosto de 2013 Emperor anunciasen su participación en las ediciones de 2014 de los festivales de Wacken, Bloodstock Open Air y Hellfest.

Entombed

Dominando las inquietas musas musicales

Pioneros junto a formaciones como Dismember, Unleashed o Carnage del death metal escandinavo, a comienzos de los años noventa Entombed optaron por ampliar su sonido hacia otros terrenos, como el hardcore punk.

Oriundos de Estocolmo, su principal contribución al metal extremo se produjo mediante su tercer álbum *Wolverine Blues* (1993), si bien previo a este, el quinteto había producido otros dos grandes trabajos, *Left Hand Path* (1990) y *Clandestine* (1991). No obstante, *Wolverine Blues* presentaba la novedosa propuesta de combinar las voces guturales del death metal con ritmos pegadizos, dando lugar al estilo que algunos han denominado 'death'n'roll'.

Tras la marcha del batería Nicke Andersson, que pasó a Hellacopters, Entombed vivió un lustro de escaso éxito musical y comercial, hasta que en 2002 publicaron *Morning Star*, con el que volvían a endurecer su sonido, significando la revitalización del grupo ya en formato de cuarteto. Su arrasadora presencia escénica y los posteriores *Unreal Estate* (2005) y *Serpent Saints: The Ten Amendments* (2007), confirmaban el regreso a sus más legítimos orígenes sonoros y su asimilación por parte de las nuevas generaciones de seguidores metálicos.

Exhorder

Génesis del groove metal

Formados en 1986 en Nueva Orleans, Exhorder están considerados como uno de los pioneros del denominado 'sonido de Louisiana', así como los creadores del groove metal, posteriormente desarrollado por bandas como Pantera, White Zombie o Machine Head.

Tras dos maquetas editadas en 1986, *Get Rude*, y 1988, *Slaughter in the Vatican*, el primer álbum de la banda apareció en 1990 bajo el mismo título de su segunda grabación no profesional, resultando un trabajo notable, rebosante de riffs poderosos.

Aún mejor resultó el siguiente, y último, disco, *The Law* (1992), auténtica muestra del groove metal, pero tras el tramo de conciertos por Europa correspondientes a la promoción del disco, Exhorder se separaron en 1994, repartiéndose sus miembros en bandas como Floodgate y Fall From Grace.

Años después, a finales de 2009, Exhorder llevarían a cabo dos nuevas actuaciones, mientras que en 2011 volverían a reunirse para ofrecer cuatro conciertos, uno de ellos en el Deathfest, aunque sin Frankie Sparcello, fallecido semanas (Jorge Caicedo ocupó su puesto). Un final agridulce para una banda que ayudó a definir uno de los estilos del heavy metal.

Exodus

A un paso de la gloria eterna

Considerados por muchos como merecedores de ser el quinto integrante de la denominada 'The Big Four', Exodus son una de las bandas de thrash metal clásico más respetadas provenientes de la bahía de San Fracisco.

Bajo la influencia de la NMOBHM, se formaron en 1981 por el cantante Paul Baloff, el batería Tom Hunting y los guitarristas Gary Holt y Kirk Hammett, este último fichado por Metallica dos años más tarde. Con Rick Hunolt en el puesto de Hammett y Rob McKillop en el de Andrews, Exodus se estrenaron con el álbum *Bonded by Blood* (1985), considerado su mejor disco, seguido por tres producciones de resultados desiguales: *Pleasure of the Flesh* (1987), *Fabulous Disaster* (1989) e *Impact is Imminent* (1990), además del directo *Good Friendly Violent Fun* (1991).

Tras una larga gira de un año y la publicación de *Force of Habit* (1992), Exodus atravesaron una etapa de inactividad que finalizó con el regreso de Baloff, si bien la continuación de la banda se vio truncada debido a problemas con el sello Century Media.

En 2001 la participación de Exodus en el concierto benéfico Thrash of the Titans permitió la especulación de nuevos planes, los cuales quedaron en suspenso con la muerte de Baloff a finales de enero de 2002. No obstante, Holt se encargó de mantener unida a la banda, que en 2004 publicó el álbum *Tempo of the Damned*. El siguiente disco en estudio, *The Atrocity Exhibition*, llegaría en 2007, tras una renovación de los miembros del grupo, seguido al año siguiente por *Let There Be Blood*, infructuosa regrabación de *Bonded By Blood*, fácilmente superada por *Exhibit B: The Human Condition*, el último disco de Exodus, publicado en 2010.

Extreme

Más talento que éxito

Formado en Boston en 1985 por Gary Cherone (cantante), Nuno Bettencourt (guitarra), Pat Badger (bajo) y Paul Geary (batería), Extreme fueron una de las bandas de pop metal de mayor éxito entre finales de los años ochenta y principios de los años noventa .

El *alter ego* de Extreme es su guitarrista y principal compositor, Nuno Bettencourt, aventajado discípulo de Eddie van Halen y Queen que se ganó el respeto de público y crítica con el segundo trabajo de la banda, *Pornograffitti* (1990). Del disco se extrajo el clásico «More than words», una balada en la mejor línea de los Everly Brothers, número 1 en Estados Unidos.

Sin embargo, los dos siguientes discos del cuarteto constituyeron un fracaso comercial que los arrastró a la disolución. Bettancourt iniciaría entonces una mediocre carrera en solitario, mientras que Gary Cherone substituyó a Sammy Hagar al frente de Van Halen para la grabación del álbum *Van Halen III*.

Pero a mediados de la primera década del siglo XXI, el cuarteto volvió a reunirse para llevar acabo una breve gira en 2004. Tres años después, la banda anunció una gira mundial durante el verano de 2008 junto a King's X, así como el lanzamiento del nuevo álbum *Saudades de Rock*, con Kevin Figueiredo como nuevo batería.

Desde entonces, Extreme siguen ofreciendo, si bien en locales de pequeño y mediano aforo, actuaciones por todo el mundo.

Eyehategod

El fuego arrasador del sludge

Banda de sludge metal formada en 1988 en Nueva Orléans, influenciada por Melvins, Discharge, Black Flag y Black Sabbath; de ahí que su música, calificada por sus letras como *sludge* misántropo, aglutine tanto hardcore como su nativo sonido sureño.

La discografía fraguada por Jimmy Bower (guitarra), Joe LaCaze (batería), Michael D. Williams (cantante), Brian Patton (guitarra) y Steve Dale (bajo) se resume en cuatro grabaciones a tener en consideración, *In The Name Of Suffering* (1992), *Take as Need for Pain* (1993), *Dopesick* (1996) y *Confederacy of Ruined Lives* (2000), además de numerosos singles y EPs.

En todos ellos, Eyehategod interpretan un repertorio denso y crudo erigido sobre guitarras en afinaciones bajas, una batería ralentizada y la voz abrasadora de Williams, en la más pura línea del brutal death metal.

Faith No More

Los iconoclastas surgidos del grunge

Del vertiginoso movimiento grunge surgieron muy pocas bandas de gran calado, siendo una de ellas Faith No More, originaria de San Francisco y calificada habitualmente como una formación de metal alternativo.

Sin embargo, la música de Faith No More posee una idiosincrasia particular, especialmente tras la entrada del cantante Mike Patton, con el que grabaron sus primeros grandes álbumes: *The Real Thing* (1989), que incluye el single «Epic», número 9 en la lista de éxitos de la revista *Billboard*, y *Angel Dust* (1992), número 10 en Estados Unidos.

Pero en 1994, en plena cresta de popularidad, previamente a la grabación del siguiente álbum, *King for a Day... Fool for a Lifetime*, el guitarrista

Jim Martin banadonó la banda, siendo substituido por Trey Spruance, proveniente de Mr. Bungle, el anterior grupo de Patton.

Tras *Album of The Year* (1997), en 1998 Faith No More anunciarían su disolución, aunque en 2009 se reunirían, sin Martin, para llevar a cabo la gira The Second Coming Tour, celebrada entre mediados del mes junio de 2009 y finales de 2010.

Fates Warning

Metal progresivo para pensadores

Una de las particularidades de este grupo formado en 1983 en Connecticut por John Arch, Jim Matheos, Victor Arduini, Joe DiBiase y Steve Zimmermann, es que está considerado integrante del denominado movimiento 'metal de los pensadores', término acuñado por Aaron Turner (líder de Isis y propietario del sello Hydra Head Records), que luego devino en una de las etiquetas más populares del 'post-metal'.

Si bien el primer disco de Fates Warning, *Night On Bröcken* (1984), destila una clara influencia de los británicos Iron Maiden, a partir del siguiente *The Spectre Within* (1985), la banda paulatinamente centraría su discografía en un estilo propio, acorde al metal progresivo, de lo que buena muestra son *No Exit* (1988) y *Perfect Symmetry* (1989). Los continuos cambios de miembros coincidieron con una serie de discos de tono menor publicados a lo largo de los años noventa , aunque al inicio de la siguiente década, coincidiendo con el regreso de Kevin Moore y Joey Vera, Fates Warning publicaron *Disconnected* (2000), otro hito de sus producciones, seguido por *FWX* (2004) y *Darkness in a Different Light* (2013), que confieren a Fates Warning el privilegio de ser reconocidos en la actualidad como uno de los pioneros más influyentes del metal progresivo.

Fear Factory

Transgrediendo el primario nu metal

Formados en 1989 en Los Ángeles por Raymond Herrera, Dino Cazares y Burton C. Bell, Fear Factory son una de las bandas más reputadas del nu metal, al que suelen añadir pinceladas de death e industrial metal.

Tras fichar por Roadrunner Records por mediación de Max Calavera (Sepultura), el primer disco que publicaron fue *Soul of a New Machine* (1992), que a pesar de su escasa repercusión les permitió llevar a cabo una extensa gira por Estados Unidos y Europa, en la que compartieron escenario con Sepultura, Biohazard, Sick of It All y Brutal Truth.

Tras el EP *Fear Is the Mind Killer*, en 1995 les llegó el éxito gracias a *Demanufacture*, que presentarían en directo durante una extensa gira de dos años. El siguiente *Obsolete* (1998), Disco de Oro en Estados Unidos, significó otro éxito musical y el pasaporte para sumarse a las giras de Slayer y Rammstein.

Con la llegada del siglo XXI, Fear Factory, formados por Bell y Cazares acompañados en los últimos años por Byron Stroud al bajo y Gene Hoglan a la batería, se mantienen como referentes del nu metal, gracias a trabajos como *Digimortal* (2001) y *Archetype* (2004), uno de sus mejores trabajos.

Gamma Ray

La nueva vida de Kai Hansen tras Helloween

Habiendo sido creada en 1989 por el guitarrista Kai Hansen tras su salida de Helloween, resulta lógico hablar de Gamma Ray como una de las mejores bandas de power metal. Además, Hansen, casi podría decirse que de una manera ladina, es uno de los hombres fuertes del metal europeo, no sólo por su destreza como compositor y a la seis cuerdas, sino también por sacar adelante con soltura la tarea de vocalista, a la que se vio abocado tras la marcha del cantante Ralf Scheppers en 1994, tal y como demuestra en el mejor título de la formación, *Land of the Free* (1995). Tras una nueva remodelación de la banda, en 1997 Gamma Ray publicaron *Somewhere Out In Space*, otro buen trabajo de los alemanes, al igual que la mayoría de sus sucesivas grabaciones, de entre las que merecen destacarse *No World Order* (2001), un disco de carácter conceptual; *Land of the Free II* (2007), continuación de su obra cumbre, o *To the Metal* (2010), hasta la fecha, su último disco en estudio.

The Gathering

Acercando el metal al gran público

Banda de metal progresivo, etiquetada en algunos círculos como 'trip rock', formada en 1989 en Oss, Holanda, por los hermanos Hans y René Rutten, Bart Smiths, Hugo Prinsen Geerligs, Jelmer Wiersma y Frank Boeijen.

Después de tres álbumes a la búsqueda de un sonido propio y orientados al doom metal gótico, en 1997 The Gathering publican *Nightime Birds*, próximo metal progresivo y que abre una etapa de discos excelentes, de entre los cuales destacan *How to Measure a Planet?* (1999), *If Then Else* (2000), *Souvenirs* (2003) y *Home* (2006). Precisamente estos dos últimos presentan un sonido menos vinculado al metal, con letras de matices intimistas.

Tras substituir a comienzos del mes de junio de 2007 a la vocalista Anneke van Giersbergen por Silje Wergeland, y ya como quinteto, The Gathering presentarán sus dos últimas producciones hasta la fecha, *The West Pole* (2009) y *Discloure* (2012), que aunque irregulares sirvieron para mantener el interés el público europeo por la formación.

Ghost

El discurso papal del metal

Formados en 2008 en Linköping, Suecia, Ghost, banda liderada por el cantante Papa Emeritus, es una de las más recientes y visuales propuestas del metal.

Su estreno en el mercado discográfico se produjo en el año 2010, con el EP *Elizabeth* y el álbum *Opus Eponymous*, grabaciones con las que rápidamente se les comparó con formaciones clásicas como Black Sabbath o Mercyful Fate. Tres años después, la joven banda sueca publicaba *Infestissumam*, cuyo lanzamiento en Estados Unidos, y por cuestiones de copyright, les obligó a tener que modificar su nombre en ese país por el de Ghost BC. No obstante, antes de llegar al mercado norteamericano el disco también tuvo que sortear el rechazo de cuatro fabricantes de cedés que calificaron el disco como «una ilustración del siglo XVI de una orgía».

Con una puesta en escena lúgubre, los músicos aparecían ataviados con con túnicas y Papa Emeritus, acorde a su nombre, como sumo pontífice de las tinieblas. Ghost han actuado en Estados Unidos, Canadá, Sudamérica, Europa y Australia en diversas ocasiones desde 2010, lo que les ha permitido cosechar una fiel legión de seguidores *urbi et orbi*.

Girlschool

Las chicas son (muy) guerreras

Consideradas injustamente como la respuesta británica de la Runaways de Joan Jett y Lita Ford, Girlschool son la única banda femenina formada durante la New Wave of British Heavy Metal (NWOBHM) por la bajista Enid Williams, la cantante y guitarrista Kim McAuliffe, la guitarrista Kelly Johnson y la batería Denise Dufort. Desde sus inicios contaron con el apoyo de formaciones de prestigio. Así, tras publicar en el mes de diciembre de 1978 su primer single, «Take it all away», en 1979 telonearon a Motörhead y tras su primer álbum, *Demolition*, hicieron lo propio para Uriah Heep y Black Sabbath.

Pero tras el exitoso single que en 1981 grabaron junto a Motörhead, *Please don't touch*, y la buena acogida en Estados Unidos de su disco *Play Dirty* (1983), la discografía de Girlschool se tornó irregular hasta el punto que en 1988 se retiraron del panorama musical, al cual, no obstante, regresaron a principios del nuevo milenio, actuando en festivales y abriendo actuaciones para artistas como Alice Cooper, Twisted Sister y, cómo no, Motörhead.

Lamentablemente, Johnson fallecería el 15 de julio de 2007, si bien en 2008 las miembros restantes decidieron publicar un nuevo álbum *Legacy*, regrabando en 2010 *Hit and Run*, aparecido originalmente en 1981. En los

últimos años, Girlschool continúan ofreciendo conciertos por toda Europa y demostrando que el heavy metal es también cosa de mujeres.

Godflesh

Fabricando innovación sonora

Además de cuna del heavy metal clásico de Black Sabbath y Judas Priest, Birmingham también ha alumbrado formaciones que han acuñado las nuevas tendencias del metal, como es el caso de Godflesh, formados en 1988 por Justin Broadrick y G. C. Green y uno de los referentes europeos del metal industrial y el post metal. La abundante discografía de Godflesh tuvo una recepción limitada en sus comienzos, a pesar de álbumes tan interesantes como *Streetcleaner* (1989) y *Pure* (1992), para posteriormente, tras fichar por la multinacional Columbia Records, lanzar discos de mayor alcance y resultado de una mayor experimentación, como *Selfless* (1994), *Us and Them* (1999) o *Hymns* (2001).

Tras su disolución por motivos personales, a instancias de Broadrick, en 2009 Godflesh anunciaron su intención de volver a reunirse, hecho que se concretó en el año 2010 con su presencia en el festival Supersonic, celebrado en su ciudad natal, viéndose ratificada esta nueva etapa con la publicación del EP *Decline & Fall*, en el mes de junio de 2014.

Gojira

Les enfants terribles del metal galo

Formados en 1996 por Joe Duplantier (voz y guitarra), Christian Andreu (guitarra), Jean-Michel Labadie (bajo) y Mario Duplantier (batería), Gojira (Godzilla, en la versión original de la película japonesa de ciencia-ficción), son una de las escasas formaciones francesas de metal que han conseguido prestigio internacional. Tras darse a conocer a nivel nacional con la edición de cuatro maquetas (*Victim* -1996-, *Possessed* -1997-, *Saturate* -1999- y *Wisdom Comes* -2000-), Gojira publicaron en 2001 *Terra Incognita*, el primero de los cinco álbumes que han lanzado hasta la fecha y que conforman una discografía en constante evolución, que tiene en *From Mars To Sirius* (2006) y *The Way Of All Flesh* (2008) dos magníficos ejemplos de death metal progresivo.

Gorgoroth

Ficción y realidad satánicas

Polémica banda noruega de black metal, algunos de sus miembros han pasado por prisión, formada en 1992 por el cantante Hat (Jan Age Solstad), el batería Goat Pervertor (Rune Thorsnes) y el guitarrista Infernus (Roger Tiegs), inspirándose para su nombre en *El Señor de los Anillos*, la obra de JRR Tolkien; musicalmente tomaron como referencia formaciones como Celtic Frost o Bathory. Dentro de la escena de black escandinavo, a Gorgoroth se les ha encuadrado en el denominado movimiento 'satanic black metal', entendiéndose casi como un proyecto personal de Infernus, quien en algunas grabaciones, además de la guitarra, se ha hecho cargo de bajo y batería. Confirmando su liderazgo, en 2007, dos de sus muchos componentes, el vocalista Gaahl y el bajista King hell, ofrecieron algunas actuaciones con el nombre de Gorgoroth sin la autorización de Infernus, lo cual condujo a una demanda judicial que se resolvió a favor del guitarrista, al que actualmente acompañan Tomas Asklund (batería), Atterigner (cantante) y el antiguo miembro de Obituary Boddel (Frank Watkins, bajista).

De la extensa discografía Gorgoroth merecen destacarse los álbumes *Under the Sign of Hell* (1997), *Incipit Satan* (2000), *Twilight of the Idols (In Conspiricy with Satan)* (2003), *Ad Majorem Sathanas Gloriam* (2006) y *Quantos Possunt Ad Sanitatem Trahunt* (2009).

Guns n' Roses

De colosos a leyenda marchita

En su etapa de mayor esplendor, entre finales de los años ochenta y principios de los años noventa, Guns n' Roses fueron una de las bandas más

controvertidas y talentosas, habiéndoseles llegado a comparar con los mismísimos Rolling Stones.

Formados en 1985 en Los Angeles por el cantante Axl Rose, los guitarristas Slash (Saul Hudson) e Izzy Stradlin, el bajista Duff McKagan y el batería Steve Adler, Guns n' Roses abrieron su discografía con el mini-elepé *Live... Like a Suicide*, que no logró excesiva repercusión, aunque tras ser contratados por Geffen Records su primer álbum, *Appetite for Destruction* (1987), se convirtió, gracias a temas como «Sweet child o'mine», «Welcome to the jungle», «Nightrain» o «Paradise city», en uno de los discos emblemáticos del hard rock: número 1 en Estados Unidos y 30 millones de copias vendidas en todo el mundo hasta la fecha.

Aprovechando el tirón, a finales del año 1988 apareció *G 'N' R Lies*, que incluía cuatro canciones de *Live... Like a Suicide* y cuatro nuevos temas: «Patience», «Used to love her», «You're crazy» y «One in a million».

Ya en 1991 Gn'R presentaron el ambicioso proyecto *Use Your Illusion*, dos dobles álbumes que les consolidaron como uno de los artistas más grandes de la historia del rock.

Pero con el éxito masivo la relación entre los miembros del grupo se deterioró: a finales de 1990, Adler es despedido, mientras que en 1991, 1996 y 1998 serán Stradlin, Slash y McKagan quienes abandonen el grupo hastiados por el comportamiento de Rose.

Precisamente, en 1998 Slash y McKagan, junto a Matt Sorum, substituto de Adler, y el cantante de Stone Temple Pilots, Scott Weiland, coincidirían en Velvet Revolver, banda denostada por la crítica y el público. Con Axl Rose como único miembro original, y tras diecisiete años de especulaciones y postergaciones, en 2008 vería la luz un nuevo trabajo en estudio de Guns n' Roses, *Chinese Democracy*, recibido tibiamente por la mayoría de los seguidores del grupo, que anhelan la reunión de la formación original.

Hammerfall

Power metal desde Valhalla

Una de las más populares bandas del power metal escandinavo es Hammerfall, formados en 1993 por Oscar Dronjak, Joachim Cans, Jesper Strömblad y Patrik Rafling.

A través del sello alemán Nuclear Blast, en 1997 publicaron su primer disco, *Glory to the Brave*, que los mostró como una de las revelaciones del power metal, con especial repercusión en países como Alemania, donde participaron en el festival Wacken Open Air.

Con el siguiente álbum, *Legacy Of Kings* (1998), Hammerfall captarían el interés de la audiencia internacional, logro que han mantenido desde entonces gracias a discos como *Renegade* (2000) y *Crimson Thunder* (2002), motivo de tanto giras propias como presentaciones en festivales como The Bang Your Head (Alemania), The Master Of The Rock (República Checa) o Metal Mania (España).

A pesar de algunos cambios en su alineación, llevados a cabo a finales de la primera década del siglo XXI, Hammerfall han conseguido publicar discos interesantes como *Infected* (2011) o *Gates of Dalhalla* (2013).

Helloween

La esencia del power metal europeo

Tras Estados Unidos y Gran Bretaña, y antes de que saliesen a la palestra las bandas escandinavas, Alemania fue uno de los más importantes bastiones del heavy metal. Prueba de ello son Helloween, formados en Hamburgo en

1984 por los guitarristas Kai Hansen y Michael Weikath, el bajista Markus Grosskopf y el batería Ingo Schwichtenberg, y precursores del denominado power metal.

De hecho, muchos críticos consideran su segundo álbum, *Keeper of the Seven Keys, part 1* (1986), origen del citado estilo, cuyas directrices musicales se vieron perpetuadas dos años después con *Keeper of the Seven Keys, part 2*, el cual, además, contenía uno de los grandes clásicos de la banda, el tema «I want out».

Pero el descontento por el trato recibido por parte del sello Noise Records y la dirección comercial que estaba tomando el grupo obligó a Hansen abandonar Helloween y formar Gamma Ray, en el futuro otra de las grandes bandas del metal europeo.

Sin Hansen, Helloween publicarían *Pink Bubbles Go Ape*, en 1991, y *Chamaleon*, en 1993, ambos alejados del heavy metal que los había dado a conocer. La pobre aceptación de ambos discos y las expulsiones de Schwichtenberg y Kiske pusieron a Helloween contra las cuerdas.

Sin embargo, en 1994, con Andi Deres como nuevo cantante y Uli Kusch a la batería, apareció *Master of the Rings*, que abriría una nueva etapa para el quinteto alemán, de nuevo versado en sus raíces musicales. De esta nueva etapa destacan los álbumes *Better Than Raw* (1998), *The Dark Ride* (2000) y *Straight of Hell* (2013).

Helmet

La propuesta del metal alternativo de la Gran Manzana

Aunque en los últimos años la discografía de Helmet se haya resentido en cuanto a inspiración, no hay que olvidar que en sus comienzos a este cuarteto originario de Nueva York se le consideró como una de las propuestas más interesantes del metal alternativo. De ahí que el cantante y guitarrista Page Hamilton, el batería John Stanier, el también guitarrista Peter Mengede y el bajista Henry Bogdan facturasen dos discos altamente atractivos, *Strap It On* (1991), producido por ellos mismos y distribuido por el sello Amphetamine Reptile, y *Meantime* (1992), ya con Interescope como compañía discográfica y con la producción de Steve Albini.

A partir de entonces, su discografía se llenó de luces y sombras: *Betty* (1994), contiene alusiones al funk y al hip hop, y *Aftertaste* (1997) es su título menos apreciable, lo que unido a las tensiones internas provocó que que en 1999 el grupo se separase.

No ostante, en 2004 Hamilton reformó Helmet, junto a Chris Traynor, el bajista Frank Bello y el batería John Tempesta, con los que grabará *Size Matters*. Al año siguiente, Bello regresará a Anthrax y Jeremy Chatelain lo substituirá, mientras que en 2006 Tempesta se unirá a The Cult, ocupando su lugar Mike Jost. Con estos dos nuevos músicos, Helmet lanzarán *Monochrome*, un intento por recuperar su sonido original y que obtiene un gran éxito el circuito underground.

El último trabajo discográfico de Helmet es *Seeing Eye Dog* (2010), compuesto, a excepción de la versión «And your bird can sing», de los Beatles, íntegramente por Page Hamilton.

Iced Earth

Mitos y leyendas desde la cálida Florida

Gracias a una astuta combinación de heavy metal clásico y thrash metal, Iced Earth son una de las bandas de metal progresivo más reputadas surgidas de la costa este de Estados Unidos.

Formada en 1985 en Tampa, Florida, por John Schaffer, no sería hasta 1995 cuando Iced Earth presentan su primer gran título, *Burnt Offerings*, seguido un año después por *The Dark Saga*, considerado su mejor disco, tanto por la inspiración de sus canciones como por el buen trabajo del cantante Matthew Barlow y el maridaje entre las guitarras de Schaffer y Randall Shawver.

Otra de las mejores grabaciones de Iced Earth llegaría en 2001, *Horror Show*, para cuya grabación Schaffer contó, además de Barlow, con el guitarrista Larry Tarnowski, el bajista Steve DiGiorgio y el batería Richard Christy.

La posterior marcha temporal de Barlow fue suplida por Tim 'Ripper' Owens, excantante de Judas Priest, que participó en la grabación de *The Glorious Burden* (2004), que se circunscribe en los patrones del heavy metal clásico. De nuevo con Barlow, Iced Eart publicaron en 2008 el álbum *Something Wicked This Way Comes Pt. II* y el EP *I Walk Among You*, pero, finalmente, a comienzos de 2011 Barlow anunció su salida definitiva de la banda, siendo substituido por Stu Block, decisivo junto a Schaffer en la composicion de los dos últimos trabajos de la banda, *Dystopia* (2011) y *Plagues of Babylon* (2014).

Immortal

Los discípulos maquillados del black escandinavo

Formados en 1990 en Bergen, Noruega, por los hermanos Abbath Doom Occulta (cantante y bajo) y el Demonaz Doom Occulta (guitarra) y Armagedda (batería), Immortal, gracias a una estética tan llamativa como presuntamente temeraria, en deuda con el maquillaje de Gene Simmons de Kiss, y a un repertorio repleto de textos violentos e inspirados en la tradición nórdica, son en la actualidad una de las formaciones más populares del black metal escandinavo.

Tras un irregular primer álbum, *Diabolical Full Moon Mysticism* (1992), en 1993 el trío publicó *Pure Holocaust*, considerado tanto por la prensa especializada como por el público uno de lo mejores discos de black metal, mientras que con el siguiente *Battles In The North* (1995), el trío logró adentrarse en el circuito musical europeo.

Tras *At The Hearth Of Winter* (1999), otro de sus mejores trabajos, la banda dio entrada a Ares e Iscariah, quienes participaron en la grabación de *Damned in Black* (2000) y *Sons Of Northen Darkness* (2002), preludio de un amago de disolución a mediados de 2003.

No obstante, en 2006 el trío se reuniría para actuar en algunos festivales, como Inferno y Wacken Open Air, continuando hasta la fecha en activo y publicando dos nuevos álbumes: el excelente *All Shall Fall* (2009), con Apollyon como bajista, y el directo *The Seventh Date of Blashyrkh* (2010).

In Flames

El paradigma del sonido Göteborg

In Flames son otra de las grandes referencias del metal escandinavo, siendo en este caso representativos del black metal melódico por lo cuidadoso de sus arreglos y las elaboradas armonías de sus guitarras.

Formados en 1990 en Goteborg, Suecia, por Oscar Dronjak (cantante), Johan Larsson (bajo), Glenn Ljungström (guitarra) y Jesper Stromblad (batería), tras sus dos primeros álbumes, *Lunar Strain* (1994) y *Subterranean* (1994), en 1995 aparecía *The Jester Race*, paradigma del denominado 'sonido Göteborg' o, lo que es lo mismo, del death metal escandinavo, y disco que logró gran repercusión en Europa y Japón.

A partir de entonces, habiendo asentado las directrices de su propio estilo y entre un contínuo ir y venir de miembros, In Flames han producido una serie de discos de gran nivel, de los cuales destacan *Colony* (1999), *Clayman* (2000) y *Reroute to Remain* (2002).

Su último disco publicado es *Sounds of a Playground Fading* (2011), producido por ellos mismos, junto a Roberto Laghi y Daniel Bergstrand y trabajo que los mantiene en la primera línea del metal europeo.

Iron Maiden

Los arquitectos de la Nueva Ola del Heavy Metal Británico

Actualmente sexteto, Iron Maiden son, junto a Judas Priest, referencias clave de la NWOBHM de comienzos de los años ochenta. Maiden, fundados en 1976 en Londres por el bajista Steve Harris y el guitarrista Dave Murray, son uno de los nombres ineludibles para entender la evolución y,

aún más importante, la concepción del género. Sus comienzos se vieron afectados por la precariedad y el amateurismo, carencias que no impidieron la publicación de dos discos, *Iron Maiden* (1980) y *Killers* (1981), altamente apreciados por los seguidores acérrimos de la banda. No obstante, la salida del cantante Paul Di'Anno y del guitarrista Dennis Stratton, substituídos por Bruce Dickinson y Adrian Smith, permitieron que Maiden editasen en 1982 *The Number of the Beast*, obra maestra del heavy metal y preámbulo de la estratosférica carrera de la banda.

Tras la posterior substitución de Clive Burr por Nico McBrain, procedente de los franceses Trust, el quinteto entró de lleno en la producción de una serie de grandes discos hasta la marcha en 1993 de Dickinson: *Piece of Mind* (1983), *Powerslave* (1984), *Somewhere in Time* (1986), *Seventh Son of a Seventh Son* (1988, tras el cual Adrian Smith decidió iniciar su carrera en solitario), *No Prayer for the Dying* (1990) y *Fear of the Dark* (1991), denotando estos dos últimos un descenso en la inspiración en lo que también caerían los dos álbumes grabados con Blaze Bayley como vocalista, *The X Factor* (1995) y *Virtual XI* (1998).

Afortunadamente, con el regreso de Dickinson y Smith en 1999, manteniendo a Janick Gers como tercer guitarra, Iron Maiden retomaron con fuerza su carrera hasta el punto que esta nueva etapa supera cualquier índice de popularidad del pasado, gracias a buenos trabajos en estudio (*Brave New World* -2000-, *Dance of Death* -2003-, *A Matter of Life and Death* -2006-, *The Final Frontier* -2010-), junto a la oportuna y regular edición de discos en directo que recogen los mejores momentos de sus últimas y mastodónticas giras. Grabaciones y actuaciones con las que Iron Maiden, haciendo gala de un envidiable estado de forma, justifican sobradamente el que se les considere como uno de los más grandes nombres del metal.

Judas Priest

Dioses del metal

Al igual que Black Sabbath, Led Zeppelin o Iron Maiden, hablar de Judas Priest es hacerlo de la quintaesencia del heavy metal. La historia de estos auténticos dioses del metal comenzó en 1969 en Birmingham, Inglaterra, si bien no publicaron su primer disco, *Rocka Rolla*, hasta cinco años después. Los aires de hard rock progresivo de esta *opera prima* desaparecerían en *Sad Wings of Destiny* (1976), arranque de una ejemplar discografía metálica, a la que darían continuidad *Sin After Sin* (1977), *Stained Class* (1978), *Killing Machine* (1978), *Hell Bent for Leather* (1979) y *British Steel* (1980), todos ellos adelantados a la New Wave of British Heavy Metal, de la que Judas Priest serían abanderados por méritos propios y de la que se valieron para conquistar el mercado estadounidense con los álbumes *Point of Entry*

(1981), *Screaming for Vengeance* (1982) y *Defenders of Faith* (1984). Lejos del inmovilismo creativo, en 1986 Judas Priest grabaron *Turbo*, una apuesta por la tecnología que al no ser bien entendida en su momento llevó al quinteto a grabar sus dos álbumes más agresivos hasta entonces, *Ram it Down* (1988) y *Painkiller* (1990).

Tras los dos discos con Tim Owens como vocalista, *Jugulator* (1997) y *Demolition* (2001), la añoranza por la antigua alineación haría que Halford regresase y dirigiese al grupo en una nueva y gloriosa etapa, iniciada en 2005 con *Angel of Retribution*, número 13 en Estados Unidos, seguido tres años después por *Nostradamus*.

Con cuatro décadas a sus espaldas, a finales de 2010 Judas Priest anunciaron la realización de su gira de despedida, denominada 'Epitaph World Tour', en la cual no participó K. K. Downing, quien en abril de 2011 decidió retirarse, siendo substituído por Richie Faulkner, exVoodoo Six.

Katatonia

Doom metal fabricado en Suecia

Prestigiosa banda de doom metal, formada en 1991 por Jonas Renkse y Anders Nyström, que a lo largo de su ya larga trayectoria ha desarrollado un estilo propio que, aún teniendo el doom como constante, ha ido evolucionando hasta hacerse más accesible al gran público.

De ahí que tras su primer álbum, *Dance of December Souls* (1993), con influencias de death y black metal, atmósferas depresivas y la voz gutural de Renkse, Katatonia adoptasen ciertos matices góticos que en 1997 pautaron la grabaron del disco *Brave Murder Day* y el EP *Sounds of Decay*.

Tras una nueva correción de estilo, para centrarse defintivamente en la interpretación de un doom progresivo caracterizado por el tono vocal diáfano y la incorporación de teclados y guitarras más elaboradas, a partir de 1998 Katatonia han ido presentando una serie impecable de discos, de los que caben destacar *Discouraged Ones* (1998), *Last Fair Deal Gone Down* (2001) y *Viva Emptiness* (2003). Aunque no han conseguido una gran alcance comercial, Katatonia sí han logrado labrarse una sólida reputación internacional, a pesar de su escasa actividad en directo, intercalando años de gran actividad, como sus giras de 2010 y 2011, con otros prácticamente alejados de los escenarios.

Killswitch Engage

Metalcore mainstream

Quinteto formado en 1998 en Westfield, Massachussets, considerado como uno de los fundadores del metalcore.

Killswitch Engage son, a su vez, resultado de la fusión de dos bandas anteriores, Overcast y Aftershock, reuniendo en su primera formación al bajista Mike D'Antonio, los guitarristas Adam Dutkiewicz y Joel Stroetzel y al cantante Jesse Leach, proveniente de Nothing Stays Gold.

Para su nombre, los miembros del grupo se inspiraron en el título de un episodio de la serie de televisión *Expediente X*, titulado *Kill Switch*.

Tras un irregular primer álbum publicado en 2000, entre 2002 y 2006 Killswitch Engage produjeron sus tres mejores trabajos hasta la fecha, *Alive or Just Breathing* (2002), *The End of Heartache* (2004) y *As Daylight Dies* (2006), todos ellos Top 40 en Estados Unidos.

El crédito que les proporcionaron estas grabaciones ha mantenido en boga hasta la fecha al grupo en la vorágine de las industria musical, haciendo posible que sus dos siguientes grabaciones, *Killswitch Engage* (2009) y *Disarm the Descent* (2013), entrasen en el Top 10 de la revista *Billboard* a pesar de que su calidad era inferior a la de sus predecesores.

King Diamond

Genialidad tras la máscara

Tras ejercer de vocalista en Mercyful Fate, en 1985 el danés King Diamond (Kim Bendix Petersen, 14 de junio de 1956), decidió iniciar su carrera en solitario, reafirmándose así como una de las voces más representativas del metal.

A su álbum de debut, el correcto *Fatal Portrait* (1986), le siguió un año después el excelente *Abigail*, obra capital de la discografía de Diamond y uno de las mejores grabaciones del denominado metal neoclásico.

Tras la incorporación del guitarrista Pete Blakk y el bajista Hal Patino, Diamond grabaría *Them*, otro de sus clásicos, Top 100 de Estados Unidos, y ya con Snowy Shaw en la batería, en 1989 lanzaría *Conspiracy*, cuya temática remataba la narrativa iniciada en *Them*.

A partir de entonces y hasta finales de la primera década del siglo XXI, King Diamond producirá una discografía irregular, de la que sobresalen *The Spider's Lullaby* (1995) y *Give Me Your Soul... Please* (2007), aunque manteniéndose como una de las figuras claves del metal europeo.

Kiss

Rock and roll toda la noche

Lo fantástico y lo musical nunca han tenido una mejor plasmación que la lograda por el bajista Gene Simmons, los guitarristas Paul Stanley y Ace Frehley y el batería Peter Criss, cuarteto que durante los años setenta dominó el negocio discográfico de Estados Unidos.

A pesar de que sus tres primeros álbumes de estudio, *Kiss* (1973), *Hotter Than Hell* (1974) y *Dressed to Kill* (1975), apenas lograron éxito comercial, el doble directo *Alive!* les abriría las puertas de la fama, consiguiendo con su siguiente trabajo en estudio, *Destroyer* (1976), producido por el reputado Bob Ezrin, unas ventas millonarias gracias al single «Beth».

Rock and Roll Over (1976), *Love Gun* (1977) y el directo *Alive II* (1977) cerraron junto a los cuatro discos individuales publicados por los miembros del grupo la etapa dorada de Kiss, que a partir de entonces se adentró en la comercialidad más evidente con los álbumes *Dynasty* (1979) y *Unmasked* (1980), que si bien los mantuvo entre los artistas de más éxito internacional, los alejó de sus fans, declive que se acentuó con *The Elder* (1981). Para entonces Criss había iniciado su carrera en solitario y Frehley se debía a sus problemas con el alcohol, que le acabaron apartando de Kiss.

Gracias a Vinnie Vincent, la banda publicó en 1982 *Creatures of the Night*, que junto a *Lick It Up* (1983) y *Animalize* (1984) situaron a la banda en el eje de la escena heavy metal de los años ochenta. No obstante, los siguientes álbumes se acercaron de nuevo a un estilo excesivamente comercial que arrastró al cuarteto a un claro descenso en su popularidad, hasta que en 1996 los miembros originales decidieron reunirse y participar en el programa *Unplugged* de la MTV.

La experiencia tuvo continuidad y Simmons, Stanley, Criss y Frehley grabaron *Psycho Circus* (1998), excusa para una gira internacional que los devolvió a la primera fila del panorama de rock duro, aunque el trato de meros asalariados hizo que Frehley, primero, y Criss, después, abandonasen definitivamente Kiss, siendo reemplazados, respectivamente, por Tommy Thayer y Eric Singer.

Con estos, Kiss se mantienen en activo hasta la actualidad, habiendo publicado dos nuevos discos, *Sonic Boom* (2009) y *Monster* (2012), y con el prestigio intacto entre millares de seguidores de todo el mundo.

Korn

De lo marginal al estrellato internacional

Formados en 1992 en Bakersfield, California, por el cantante Jonathan Davis, los guitarristas James 'Munky' Shaffer y Brian 'Head' Welch, el batería

David Silveria y el bajista Reginald 'Fieldy' Arvizu, Korn fueron una de las primeras bandas de nu metal en adentrarse en la maquinaria mainstream del negocio musical. Y lo hicieron no de una manera casual, sino después de dos años de actuaciones por el circuito underground y registrando, para el sello Immortal, *Korn* (1994), considerada su mejor obra.

Su segundo álbum, *Life Is Peachy* (1996), sería uno de los primeros discos promovidos masivamente en Internet, lo que le llevó a ser Disco de Platino en Estados Unidos.

Posteriormente, tras cinco intensos años de giras y grabaciones, Korn decidieron tomarse un descanso, aunque en 1998 presentaron *Follow the Leader*, que, al igual que *Issues* (1999), fue número 1 en Estados Unidos. Tras el discreto *Untouchables* (2002), Korn recuperarían la esencia de su sonido original con *Take a Look in the Mirror* (2003), manteniendo su alcance y prestigio a salvo en los últimos años, logrando colarse en el Top 10 norteamericano con títulos tan eficientes como *The Path of Totality* (2011) o *The Paradigm Shift* (2013).

Kreator

Los reyes del thrash metal europeo

Formados en 1984 en Essen, Alemania, Kreator es una de las principales y más representativas bandas del thrash metal europeo, siendo uno de los puntales del movimiento germano, junto a Tankard, Destruction y Sodom.

Millie Petrozza, Rob Fioretti y Jürgen Reil integraron la formación original, la cual daría lugar discos como *Endless Pain* (1985), *Pleasure to Kill* (1986), *Terrible Certainty* (1988), *Extreme Agression* (1989) y *Coma of Souls* (1990), todos ellos columna vertebral de la discografía de Kreator. Además, durante los años siguientes, al tiempo que se sucedían diferentes cambios en la formación, Kreator se consolidarían como reseña ineludible del thrash metal mundial, gracias a discos como *Violent Revolution* (2001) o *Enemy of God* (2005).

El DVD *Dying Alive*, publicado en agosto de 2012 a través del sello Nuclear Blast, es el úlimo proyecto de Kreator, formados en la actualidad, además de los miembros originales Miland Petrozza y Jürgen Reil, por Sami Yli-Sirnio (guitarra) y Christian Giesler (bajo).

Krokus

La apuesta metálica helvética

Suiza, mansa y cómodamente aislada del resto mundo, parecía poco proclive a participar en algo tan 'inquietante' como el movimiento heavy metal. Sin embargo, y tras algunos años dedicados al rock sinfónico, de la noche a la mañana Krokus hicieron acto de presencia en la escena metálica europea.

Formados en 1974 en Solothum por el batería Chris von Rohr y el bajista Tommy Kiefer, a los que se sumaron el cantante Marc Storace y el guitarrista Fernando Von Arb, Krokus se dieron a conocer en 1980 con el álbum *Metal Rendez-Vous*, de un sonido próximo al de los australianos AC/DC, consiguiendo durante el resto de la década de los ochenta mantenerse en boca de muchos como una de las referencias del metal europeo, gracias a títulos tan apreciables como *One Vice at the Time* (1982) o *Headhunter* (1983).

Durante la década siguiente, convulsionada por el grunge y las nuevas tendencias rock, tan sólo publicaron dos nuevos títulos: *Stampede* (1991) y *To Rock or Not to Be* (1995). No obstante, el interés de las nuevas generaciones por el rock permitió a Krokus disfrutar de una segunda juventud con la llegada del siglo XXI, publicando discos de igual o mayor calidad que los producidos en sus primeros años, destacando *Rock the Block* (2003) y, de nuevo con la formación clásica (von Rohr-von Arb-Storace-Steady Freddy-Kohler Marcos), *Dirty Dynamite* (2013), clasificado en el Top 100 europeo.

Kyuss

Sonidos inteligentes desde el desierto

Originarios de Palm Spring, California, Kyuss son el testimonio más brillante del stoner rock, aunque su trayectoria resultó tristemente efímera, puesto que la discografía de la banda de Josh Homme se limita a cuatro álbumes. El primero de ellos, *Wretch* (1991), apareció en una época en la que Kyuss se labraban su reputación actuando en muchos de los conciertos llevados a cabo en las denominadas 'generator parties', es decir, fiestas organizadas en el desierto de California y valiéndose de generadores eléctricos

de gasolina. Pero tan sólo un año después, con Chriss Goss como productor, el grupo publicaría el notable *Blues For The Red Sun*, cuya promoción incluyó abrir los conciertos australianos de 1993 de Metallica.

Tras la marcha del talentoso Olivieri, en 1994 Kyuss publicaron su obra cumbre, *Welcome To Sky Valley*, seguida al año siguiente por *...And The Circus Leaves Town*, su último álbum, y un EP compartido con Queens of The Stone Age.Tras la disolución formal, en el mes de noviembre de 2010, Oliveri, García y Bjork se volvieron a reunir bajo el nombre de Kyuss Lives!, llevando incluso a cabo una gira mundial, pero en 2012, la justicia forzó a García y Bjork cambiar el nombre, optando estos por el Vista Chino, bajo el cual publicaron en 2013 el disco *Peace*.

Lamb of God

Perpetuando el legado de Pantera

Formados en 1998 en Richmond, Virginia, por el cantante Randy Blythe, los guitarristas Mark Morton y Willie Adler, el bajista John Campbell y el batería Chris Adler, Lamb of God es una de las bandas más influyentes e importantes del metal extremo, comparados en ocasiones con Pantera y respetados por revistas musicales del prestigio de *Rolling Stone* o *Metal Hammer*. Hasta la fecha, Lamb of God han grabado ocho encomiables discos, en los que combinan thrash, groove, grindcore y hardcore y de entre los que destacan *Ashes of the Wake* (2004), *Sacrament* (2006), *Wrath* (2009) y *Resolution* (2012), todos clasificados en el Top 30 estadounidense y resultado de una técnica diestra y unos riffs brutales y pesados.

Led Zeppelin

El paraíso inalcanzable del rock duro

Uno de los nombres más ilustres e indiscutibles del rock, maestros de maestros, el cuarteto britanico Led Zeppelin lo formaron en 1968 el guitarrista Jimmy Page y el bajista John Paul Jones, uniédoseles a éstos poco después el cantante Robert Plant y el batería John Bonham.

Su incólume discografía, crisol de estilos que van del blues a la música celta y del rock and roll a la música de la India, arrancó en el mes de octubre de 1968, cuando el cuarteto grabó, en apenas treinta horas, su primer álbum, *Led Zeppelin*, publicado a comienzos del siguiente año. En mitad de la consiguiente gira publicarían *II*, elepé que consiguió el primer puesto de las listas de éxitos de Estados Unidos, si bien, tras *III* (1970), el éxito arrollador les vendría finalmente con su cuarto trabajo, conocido como *IV*

(1971), que incluye el clásico «Stairway to heaven». *Houses of the Holy* (1973) precedería a que en 1974 Led Zeppelin creasen su propio sello discográfico, que estrenaron con el majestuoso doble álbum *Physical Graffiti* (1975).

Tras los más regulares *Presence* (1976) e *In Through The Out Door* (1979), el 25 de septiembre de 1980 John Bonham fue hallado sin vida en casa de Page, por lo que el 4 de diciembre de aquel mismo año la banda comunicaría su disolución.

A pesar del interés del público y los continuos rumores nunca se ha hecho efectiva la reunión de Plant, Page y Jones, aunque en 1988 ofreciesen una breve actuación con motivo del veinticinco aniversario del sello Atlantic y en 2012 llegasen a plantearse realizar una gira.

Limp Bizkit

Reinventando el metal

Esta banda de Jacksonville, Florida, formada en 1994 por el cantante Fred Durst y el bajista Sam Rivers, fue uno de los nombres más conocidos y exitosos del movimiento rap metal de finales de los años noventa , cuyo reconocimiento les llegó con su segundo cedé, *Significant Other* (1999), del que se vendieron cuatro millones de copias.

Mayor alcance consiguió el siguiente *Chocolate Starfish and the Hotdog Flavored Water* (2000), número 1 en Estados Unidos y del cual formaba parte la canción «Take a look around», incluida en la banda sonora de la película *Misión Imposible II*.

No obstante, por esa época las actuaciones de Limp Bizkit se vieron envueltas en la polémica. Así, durante su participación en el Festival de Woodstock de 1999 se produjeron varios heridos y en el Bigday Out de Sidney de 2001 una joven de dieciséis años murió asfixiada.

Ya en el nuevo milenio, y tras el ingreso del guitarrista Mike Smith, en susbtitución de Wes Borland, Limp Bizkit grabaron *Results May Vary* (2003), uno de sus títulos más endebles, superado claramente por *The Unquestionable Truth, part 1* (2005), que significó el retorno provisional de Borland al seno de la banda.

A comienzos de 2009 los miembros originales de Limp Bizkit se reunieron para llevar a cabo una gira mundial, preludio de la grabación del álbum

Gold Cobra (2011, Top 20 en Estados Unidos y Canadá), que aún siendo un trabajo discreto no empañó la consideración de que Limp Bizkit son una de las bandas clásicas del metal alternativo.

Linkin Park

Comerciando con el sonido de la bestia

Formados en 1996 por el cantante Chester Bennington, el rapero Mike Shinoda, el guitarrista Brad Delson, el batería Rob Bourdon, el bajista David Farell y el DJ Joe Hahn, los entendidos califican a los californianos Linkin Park como una formación de mayor relieve popular y comercial, con más de diez millones de discos vendidos en Estados Unidos, que de calado musical, aunque no se puede obviar que su propuesta, combinación de hip hop con metal, resulta, aún sin ser totalmente innovadora, fresca y personal.

Su discografía, además, posee momentos destacables, como, por ejemplo, el álbum *Hybrid Theory* (2000), producido por Don Gilmore y número 2 en Estados Unidos, o *Meteora* (2003), número 1 en Estados Unidos y Gran Bretaña y excusa para que la banda fuese contratada por Metallica para su gira 'Summer Sanitarium Tour'.

También hay que destacar que para su álbum *Minutes to Midnight* (2007) contaron el solícito Rick Rubin, con el que volverían a colaborar en 2012, en el disco *Living Things*.

Entre ambos discos aparecería *A Thousand Suns* (2010), del que se extrajeron nada menos que tres singles («Waiting for the end», «The Catalyst» e «Iridescent»), prueba de la enorme capacidad de seguimiento de la que disfrutan Linkin Park tras más de una década en el negocio musical.

Liquid Tension Experiment

Alienígenas musicales

Tan poco conocidos como magistrales, Liquid Tension Experiment fue un cuarteto formado en 1996 por algunos de los músicos más brillantes de la música progresiva: el batería Mike Portnoy, el bajista Tony Levin, el guitarrista John Petrucci y el teclista Jordan Rudess.

Su breve aunque brillante discografía incluye dos únicos álbumes, *Liquid Tension Experiment* (1998) y *Liquid Tension Experiment 2* (1999), ambos publicados por el sello Magna Carta.

La brevedad de su obra se debe a que tres de los cuatro miembros de LTE, Portnoy, Petrucci y Rudess, spn miembros activos de Dream Theater, formación a la que se deben artística y profesionalmente.

Destinado al disfrute de los seguidores más avezados y exquisitos del metal progresivo, en 2007 aparecería un tercer disco, *Spontaneous Combustion* bajo el nombre de Liquid Trio Experiment, aunque el título se limitaba a reunir algunos cortes que Portnoy tenía archivados y en cuya grabación no había participado Petrucci.

Loudness

Metal nipón

Aunque su público aprecia cualquier género, Japón no es una potencia en términos musicales. Por tanto, su aportación a la escena metálica ha sido reducida, aunque interesante, como el caso de los legendarios Loudness, formados en 1981 por el batería Munetaka Higuchi y el guitarra Akira Takasaki, este último el auténtico motor de la formación nipona.

Loudness lograron rápidamente el éxito en Estados Unidos, país en el que se introdujeron a raíz de la publicación de su tercer disco, *The Law of Devil's Land* (1983). Después, tras fichar en 1985 por Atlantic Records, su álbum *Thunder in the East* alcanzó el número 74 en la lista de éxito de la revista *Billboard*, gracias en parte al tema «Crazy nights». Con el siguiente álbum, *Lightning Strikes* (1986),

Loudness lograron el éxito internacional, lo que les llevó a girar con bandas como Mötley Crüe, AC/DC, Poison o Stryper. Tras cambiar de vocalista en un par de ocasiones entre finales de los años ochenta y principios de los años noventa y una serie de discos extremadamente profesionales pero de tono menor en comparación con sus anteriores trabajos, en 2001 los miembros originales de Loudness se reunieron para celebrar el vigésimo aniversario de la banda, manteniéndose en activo desde entonces, llegando a publicar en 2014 su vigésimo sexto disco en estudio, el notable *The Sun Will Rise Again*.

Machine Head

Metalcore contra los elementos

Considerados como una de las bandas pioneras del denominado metalcore, Machine Head se formaron en Oakland, California, en 1992 por el cantante y guitarrista Robb Flynn, el guitarrista Phil Demmet, el bajista Adam Duce y el batería Chris Kontos.

Su primer disco, *Burn My Eyes* (1994), publicado por el sello Roadrunner, es su mejor grabación, con la cual, en su momento, obtuvieron una notable aceptación en Europa, todo lo contrario de lo que sucedió en Estados Unidos, en donde la cadena de televisión MTV vetó el videoclip del tema *Davidian*.

Tras *The More Thing Change* (1997), disco en el que Dave McClain substituyó a Kontos en la batería, y *The Burning Red* (1999), que incluía el hit-single «From this day», Machine Head abrieron la siguiente década con el directo *Year of the Dragon: Japan Tour Diary*, seguido por los discos en estudio *Supercharger* (2001) y *Through the Ashes of Empires* (2003).

En los últimos años, Machine Head han repetido la fórmula comercial de dos discos en estudio seguidos de un directo, publicando de esta manera *The Blackening* (2007), *Unto the Locust* (2011, producido por Flynn y Top 30 en Estados Unidos) y *Machine Fucking Head Live!* (2012).

Yngwie Malmsteen

El Paganini de las seis cuerdas

Nacido el 30 de junio de 1963 en Estocolmo, Suecia, Yngwie Malmsteen es uno de los grandes guitarristas del rock, influenciado tanto por Ritchie Blackmore como por la música clásica, siendo, a su vez, icono para las nuevas generaciones de músicos por su temperamento y su gran talento.

En plena adolescencia, y mientras trabajaba para un luthier, Malmsteen grabó una maqueta que acabó en manos del productor Mike Varney, quien de inmediato le propuso formar parte de la banda japonesa Steeler, con los que el guitarraista sueco grabaría el único álbum de la banda, *Steeler*, publicado en 1983. Aquel mismo año, Malmsteen aceptaría la oferta de Graham Bonnet para unirse a Alcatrazz, con los que, al igual que con la formación japonesa, tan sólo grabó un único álbum, el notable *No Parole from Rock'n'Roll* (1983). Ávido por dirigir su propia carrera, poco después Malmsteen graba su primer disco, *Rising Force* (1984), uno de sus mejores trabajos y con el que el que público y la crítica lo comparan con Eddie Van Halen y Randy Rhoads.

La primera etapa de su discografía, también la más destacada, la completarían *Marching Out* (1985), *Trilogy* (1986) y *Odyssey* (1988), sucediéndose durante los años noventa una serie de discos menos notables, aunque dotados de una técnica aplastante y que incluyen una obra de corte clásico, *Concerto Suite for Electric Guitar and Orchestra* (1998), proyecto que contó con la Orquesta Filarmónica de Checa, dirigida por Yoel Levi.

Ya en 2003, y junto a nada menos que Steve Vai y Joe Satriani, Malmsteen participa en la famosa gira G3, testimonio de la cual sería el disco *G3 Live: Rockin' In the Free World*, publicado en 2013.

Manowar

Los reyes del metal

El power metal tiene una de sus mayores influencias en el cuarteto neoyorquino Manowar, formado en 1980 por el bajista Joey DeMaio y el guitarrista de los Dictators, Ross the Boss, a los que se unieron el cantante Eric Adams y el batería Donny Hamzik. El tono grandilocuente de su propuesta ya se hizo evidente en su primer álbum, *Battle Hymns* (1982), cuyo tema *Dark avenger* incluye una narración del cineasta Orson Welles. Tras fichar por Megaforce Records y publicar *Into Glory Ride* (1983), con Scott Columbus en la batería, en 1984 llegaría *Hail to England*, el primer gran título de la discografía del cuarteto, grabado en tan sólo seis días.

Después, a caballo entre los años ochenta y 1990 Manowar publicarán tres de sus discos más vendidos, *Fighting the World* (1987), *Kings of Metal* (1988) y *The Triumph of Steel* (1992). Para este último, Manowar (con Rhino a la batería y David Shankle como nuevo guitarra), y en otro ejercicio de fastuosidad, grabaron el tema «Achilles: agony and ecstasy in eight parts», inspirado en *La Ilíada*, la obra clásica de Homero.

Seis años después de la aparición de *Louder Than Hell* (1996), la banda retomaría su actividad discogràfica con *Warriors of the World*, disco que los devolvía a la actualidad como una de las formaciones más seguidas del heavy metal, especialmente reconocida en Europa, donde sus últimos discos, caso de *The Lord of Steel* (2012), son mejor recibidos que en su propio país.

Marilyn Manson

Clonando a Bowie, clonando a Cooper

El controvertido, iconoclasta e histriónico Brian Warner (5 de enero de 1969, Canton, Ohio), alias Marilyn Manson, consiguió en la segunda mitad de los años noventa el que fuese considerado el híbrido perfecto entre Alice Cooper y David Bowie, tamizado con una buena dosis del talento de Trent Reznor.

Su discografía arranca en el mes de junio de 1994, con la publicación del single «Get your gun», número 5 en Canadá, adelanto del álbum *Portrait of an American Family*. Al año siguiente, aparece *Smell Like Children*, el primer disco que le produce Trent Reznor, quien dará con el sonido definitivo de MM en el siguiente *Anticrist Superstar* (1996), número 3 en Estados Unidos y uno de los discos fundamentales de los años noventa.

Tras la publicación del single «Sweet dreams», versión de los británicos Eurythmics, en 1998 saldría a la venta *Mechanicals Animals*, mientras que dos años después, con Johnny 5 como nuevo guitarrista, aparece *Holy Wood: the*

Valley of Death, considerado el último gran disco hasta la fecha de MM, que ocasionalmente flirteó con el cine, interviniendo en films como *Jawbreaker*, *Party Monster* o *Lost Highway*, este último dirigido por David Lynch.

En los últimos años, Manson ha visto cuestionar sus discos, discretos como *Eat Me, Drink Me* (2007) o *Born Villain* (2012), a algo más acertados, como *The Golden Age of Grotesque* (2003), aunque cayendo en la consideración de haberse convertido, tras años de provocación y excesos en un artista domesticado y mainstream.

Mastodon

La gran esperanza

Considerados como una de las bandas más interesantes del nuevo milenio, por su inteligente combinación de metal clásico, grindcore y el progresivo, Mastodon se formaron en 1999 en Atlanta, por el guitarrista Bill Kelliher, el batería Bränn Dailor, el bajista y cantante Troy Sanders y el guitarrista y también cantante Brent Hinds.

En 2002 publicaron su primer larga duración, *Remission*, producido por Matt Bayles, consiguiendo captar el interés del gran público y de la crítica con el siguiente *Leviathan* (2004), inspirado en *Moby Dick*, la novela de Herman Melville y disco que propició la gira conjunta The Unholy Alliance, en la que participaron Slayer y Slipknot.

En 2006 vería la luz *Blood Mountain*, de nuevo producido por Bayles, Disco del Año según al revista *Metal Hammer*. Tras la correspondiente gira por Estados Unidos y actuaciones en festivales europeos, en marzo de 2009 le llegó el turno a *Crack the Skye*, producido por Brendan O'Brien (Bruce Springesteen, Pearl Jam o The Killers...).

Ya en septiembre de 2011 aparecería el último disco de Mastodon hasta la fecha, *The Hunter*, Top 20 en Estados Unidos y Gran Bretaña y trabajo que incluía la canción «Curl of the burl», nominada al Grammy a la Mejor Interpretación de Hard rock/Metal, mención que confirmaba a Mastodon como una de las mejores bandas del momento.

Megadeth

La crítica social del thrash puro

Considerado como uno de los grandes nombres del thrash metal norteamericano, Megadeth se formaron en 1983 tras la expulsión de su fundador, Dave Mustaine, de, en aquella época, prometedores Metallica. De esta manera, y junto al bajista David Ellefson, el guitarrista Chris Poland y el batería Gar Samuelson, Mustaine se confirmará como uno de los gurús del heavy metal gracias a discos como *Killing is My Business... And Business is Good!* (1985), *Peace Sells... But Who's Buying?* (1986), *Rust in Peace* (1990) y *Countdown to Extinction* (1992), considerados obras clásicas del metal.

Ya en la primera década del siglo XXI, y tras dos años apartado de la escena musical por una lesión en su brazo izquierdo, Mustaine, acompañado entonces por Vinnie Colaiuta (batería), Chris Poland (guitarra) y Jimmie Lee Sloas (bajo), seguiría manteniendo el alto nivel de su discografía, grabando y publicando el recomendable *The System has Failed* (2004), posteriormente seguido por cuatro álbumes en directo y otros tantos producidos en estudio, destacando de estos últimos *United Abominations* (2007) y *Endgame* (2009).

Super Collider (2013), número 3 en Estados Unidos, cierra, por el momento, la discografía de Megadeth, sumergidos en una frenética actividad sobre los escenarios, que los llevó en el otoño de 2013 a embarcarse en la gira 'Maiden England Tour', de los británicos Iron Maiden, conformando así uno de los carteles más experimentados e interesantes de los últimos años en cuanto a conciertos internacionales del metal.

Mercyful Fate

En los orígenes del black escandinavo

Banda danesa, formada en 1981 por el cantante King Diamond y el guitarrista Hank Shermann, Mercyful Fate fueron una de las primeras referencias del black metal proveniente del norte de Europa. Tras un preliminar EP homónimo publicado en 1982 (con Michael Denner, en la segunda guitarra; Timi Hansen, al bajo, y Kim Ruzz, a la batería), Mercyful Fate publicaron dos discos capitales para el género: *Melissa* (1983) y *Don't Break the Oath* (1984). Debido a discrepancias personales, en 1985 el grupo se separó, dando lugar a la carrera en solitario de King Diamond, aunque acompañado en un principio por Denner y Hansen. No obstante, en 1993 Mercyful Fate se reunieron (con Morten Nielsen en substitución de Ruzz) y publicaron *In the Shadows*, pero que al igual que el resto de discos aparecidos a lo largo de esa misma década (*Time* -1994-, *Into the Unkown* -1996-, *Dead Again* -1998- y *9* -1999-), no consiguió alcanzar el nivel de inspiración de los discos en los que intervino Diamond. La entrada y salida de miembros y la inexistencia de nuevos trabajos no han impedido que Mercyful Fate continúen ofreciendo ocasionalmente actuaciones y sean reivindicados por figuras del metal, como Lars Ulrich, de Metallica.

Meshuggah

La compleja evolución del progresivo sueco

Talentoso quinteto de metal progresivo, formado en 1987 en Umea, Suecia, por el cantante Jens Kidman y el guitarrista Fredrik Thordendal, si bien la posterior inclusión del batería Tomas Haake resultaría fundamental para la evolución musical de la banda.

Meshuggah abrieron su discografía con tres discos excelentes, *Destroy Erase Improve* (1995), *Chaosphere* (1998) y *Nothing* (2002), trabajos que evidencian su progreso, partiendo del metal más extremo para llegar a estructuras complejas, desarrolladas mediante una técnica elaborada y con influencias de Dream Theater, Lamb of God o Tool.

Precisamente su evolución musical y el reconocimiento del público les permitió a Meshuggah adentrarse en el mercado discográfico norteamericano, obteniendo especial repercusión su sexto trabajo, *ObZen* (2008), número 59 en Estados Unidos. El último disco de Meshuggah es *Koloss*, que tras su publicación el 23 de marzo de 2012 fue número 17 en Estados Unidos y número 27 en Canadá, los sitúa como una de las bandas más destacadas del metal actual.

Metallica

Los cuatro jinetes del thrash

Quintaesencia y detonante del thrash metal, Metallica se formaron en 1981 en Los Angeles a instancias del batería Lars Ulrich y el guitarrista y cantante James Hetfield, a los que se sumaron el bajista Cliff Burton y ya en 1982, tras la expulsión de Dave Mustaine (después líder de Megadeth), el guitarrista Kirk Hammett.

Con esta alineación, Metallica se convirtieron rápidamente en referencia, siendo sus tres primeros álbumes, *Kill'em All* (1983), *Ride the Lightning* (1984) y *Master of Puppets* (1986), vademécum del género. Lamentablemente, en el mes de septiembre de 1986, durante la gira europea de su tercer disco, Burton fallecería en un accidente de circulación en Suecia. Con su

substituto, Jason Newsted, el grupo finalizó los conciertos por Japón y Estados Unidos pendientes y grabó en los siguientes años dos discos que los consolidaron como una de las grandes formaciones de la historia del rock: *...And Justice for All* (1988), Top 10 en Estados Unidos, y *Metallica* (1991), del que se han vendido más de diez millones de copias.

Pero a partir de 1996 y hasta bien entrada la década siguiente, la discografia del cuarteto sufrió una ostensible devaluación, con discos irregulares como *Load* (1996), *Reload* (1997) y *St. Anger* (2003), no siendo hasta 2008 y el lanzamiento de *Death Magnetic* cuando Metallica lograrían recuperar buena parte de la credibilidad del pasado. En la búsqueda de esta reconciliación artística el cuarteto grabó uno de sus trabajos más arriesgados: el álbum *Lulu* (2011), grabado junto al malogrado Lou Reed.

Ministry

Metal industrial muy resistente

Formados en 1981 en Chicago a instancias del cubano Alain Jourgensen y el batería Stephen George, Ministry son un magnífico ejemplo de metal industrial, si bien su primer lanzamiento discográfico, el single *Cold life*, contenía claras reminiscencias a la new wave británica de los años ochenta.

No obstante, en 1986, publicaron el álbum *Twitch*, con el que comienza el giro hacia sonidos más duros. Así, acompañado por el bajista Paul Barker, el batería William Rieflin, el guitarrista Mike Scaccia y el vocalista Chris Conelly, Jourgensen grabó *The Land Of Rape And Honey* (1988), su primer gran trabajo discográfico que se adentra en el metal industrial.

El éxito de *The Mind Is A Terrible Thing To Taste* (1989), que mantenía la propuesta de su predecesor, permitió a Jourgensen colaborar en otros proyectos musicales, como Revolting Cocks, 1000 Homo DJs, Acid Horse, Pailhead y Lard. La etapa dorada de Ministry se cerró en 1992 con *Psalm 69*, Top 30 en Estados Unidos y álbum al que pertenecen los singles «N.W.O» y «Just one fix», ambos Top 20.

A partir de ese momento, los excesos resultantes del éxito nublan la producción discográfica de Ministry, hasta que en 2004 aparece *Houses of the Molé*, el primer título de la trilogía 'dedicada' a George W. Bush, junto a *Rio Grande Blup* (2006) y *The Last Sucker* (2007), tras los cuales Ministry volverían a un tono menor, preludio de su disolución en 2013, una vez publicado el disco *From Beer to Eternity*.

M.O.D.

El mordaz inconformismo crossover

Method of Destruction, conocidos popularmente por el acrónimo M.O.D., es una formación de thrash crossover de Nueva York liderada por el cantante Billy Milano e inspirada en bandas como Nuclear Assault o Anthrax. Precisamente, Scott Ian, de Anthrax, produjo el álbum de debut de M.O.D., *USA for M.O.D.* (1987), que incluía la polémica canción «Aren't you hungry?», versión de un tema de S.O.D. encuyo texto se decía «que se jodan los negros».

A pesar de que la crítica lo calificó como un disco previsible, los seguidores de M.O.D. consideran su segundo trabajo, *Gross Misconduct* (1989), junto al posterior *Devolution* (1994), el epicentro de la discografía de la banda, la cual vio menguada su proyección comercial debido a la habitual ineficacia en la distribución de sus trabajos.

Aún así, queda demostrado el interés del público por M.O.D. en la circunstancia de que en 2004 los álbumes de la banda fueron reeditados por el sello Blackout Records, aprovechando la reunión que un año antes había iniciado Milano y que ya había servido para la publicación de *Rebel Love You to Hate*, un disco cargado de letras mordaces.

El último álbum de la banda es *Red, White and Screwed*, aparecido en el mes de octubre de 2007 y excusa para una gira en el verano de 2008 y la posterior etapa de conciertos puntuales a ambos lados del Atlántico.

Monster Magnet

El alucinante viaje de Dave Wyndorf

Dave Wyndorf fundó Monster Magnet en 1989 en su natal Red Bank, Nueva Jersey, bajo la influencia de bandas como MC5, Stooges y Hawkwind, dando lugar a una peculiar sonoridad que abarca el spacerock añejo y el metal clásico. El primer trabajo de Monster Magnet fue el notable *Spine of God* (1992), que les valió el poder fichar con el sello A&M, que se encargaría de la edición de sus siguientes cuatro trabajos: *Superjudge* (1993), *Dopes To Infinity* (1995), *God Says No* (2001) y el exitoso *Powertrip* (1998), Top 100 en Estados Unidos (país en el que fue Disco de Oro) y Gran Bretaña y del que se extrajeron como singles los temas «Temple of your dreams», «Powertrip» y «Space lord». Pero la disconformidad por la promoción del siguiente *God Says No* convenció a Wyndorf a firmar por el sello alemán SPV, con el que en 2004 publicó *Monolithic Baby*, un buen trabajo del que fue single el tema «Unbroken (hotel baby)».

Desentendiéndose de la descontrolada vorágine a la que le había llevado el éxito de *Powertrip*, en los últimos años Wyndorf ha dirigido Monster Magnet con mucha más calma, publicando regurlarmente discos interesantes, como *4 Way Diablo* (2007), *Mastermind* (2010) y *Last Patrol* (2013), estos dos últimos Top 200 en Estados Unidos, hecho que muestra al grupo como uno de los referentes del actual metal alternativo sin la necesidad de verse sometidos a las exigencias del negocio musical.

Gary Moore

La estrella inextinguible

Nacido como Robert William Gary Moore en Belfast, Irlanda del Norte, 4 de abril de 1952, Moore fue uno de los guitarristas más afamados y reputados del rock. Al mismo tiempo que militaba en sus inicios musicales en grupos de rock clásico y jazz rock, como Skid Row (junto a Brendan Shields –bajo-, Noel Bridgeman -batería- y Phil Lynott –voz-) y Colosseum II, Moore publicó sus dos primeros discos en solitario: *Grinding Stone* (1973), producido por Martin Birch, y *Back on the Streets* (1978), el cual contenía el hit single «Parisienne walkways», pieza escrita junto a Phil Lynott y número 8 en Gran Bretaña. Precisamente su amistad con Lynott le llevó a participar en la grabación del álbum de Thin Lizzy *Black Rose* (1979), si bien al año siguiente el guitarrista se trasladó a Los Angeles, donde grabó *G-Force*, disco del que más tarde él mismo renegaría. Pero a partir del siguiente, *Corridors of Power* (1982), y a lo largo de los años ochenta, Moore se convertiría en uno de los artistas más respetados del hard rock, gracias a excelentes discos, como *Victims of the Future* (1983) o *Run For Cover* (1985).

Con la llegada de los años noventa Moore decidió regresar a sus raíces, emprendiendo la que sería su última etapa con los ojos puestos en el blues, que dará lugar a discos como *Still Got the Blues* (1990) o *After Hours* (1992), de lo más selecto de su discografía.

Durante los años posteriores su catálogo adquiriría una menor relevancia, aunque sin mermar la figura de Moore, quien, desafortunadamente, fallecería repentinamente el 6 de febrero de 2011, en una de las habitaciones del hotel Kempinski Bahía de Estepona, población española a la que se había desplazado para ofrecer un concierto.

Morbid Angel

El death más mórbido

Esta banda formada en 1984 en Tampa, Florida, por el guitarrista y compositor Trey Azagthoth, está considerada como pionera y formación clave del death metal, junto a Death, Obituary y Possessed.

Su primer álbum fue *Altars of Madness* (1989), si bien la verdadera primera grabación en estudio del grupo es *Abominations of Desolation*, grabado en 1986, aunque publicada en 1991, año en el que también aparecería el notable *Blessed Are the Sick*. Con los siguientes *Covenant* (1993) y *Domination* (1995), Morbid Angel acabaron por ser reconocidos como uno de los puntales del death, aunque la marcha temporal de David Vincent les permitió retomar su sonido original y más primitivo, del que saldrían *Formulas Fatal to the Flesh* (1998) y *Gateways to Annihilation* (2000).

Con el transcurso de los años, Morbid Angel han sufrido diversos cambios en su alineación, siendo Azagthoth, David Vincent, Pete Sandoval y Thor Myhren quienes han producido su, hasta la fecha, último disco, el notable *Illud Divinum Insanus* (2011).

Mortiis

El duende del metal vikingo

Banda de black metal formada en 1993 en Notodden, Noruega, por Havard Ellefsen, antiguo bajista de Emperor.

Considerada como una de las más representativas propuestas del denominado metal vikingo, la discografía de Mortiis se abrió en 1993 con *Fodt til a Herske*, que junto a *The Stargate* (1999) forman la primera etapa musical de la banda, caracterizada por un sonido gótico. El siguiente *The Smell of Rain* (2001) iría por los derroteros del dark wave, adoptando la voz de Ellefsen un papel más predominante, mientras que *Grudge* (2005) se sume en el metal industrial, cambio de rumbo estilístico propiciado por la incorporación de los guitarristas Levi Gawron y Asmund Sveinunggard. De este disco se extraerían dos singles, «The grudge» y «Decadent & desperate», ambos Top 50 en Gran Bretaña.

Tras el álbum de remezclas *Some Kind of Heroin* (2007), la discografía de Mortiis se completa, hasta la fecha, con *Perfectly Dead* (2010), si bien en 2008 se finalizó *The Great Deceiver*, inexplicablemente todavía pendiente de publicar.

Mötley Crüe

Los chicos malos del rock

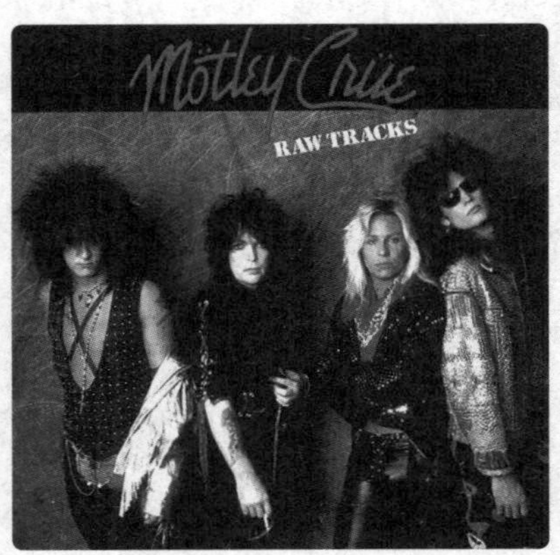

Con una carrera sumida tanto en los parabienes como en las miserias derivadas de la mitificada leyenda 'sexo, drogas y rock'n'roll', Mötley Crüe, recientemente decididos a poner punto y final a su carrera, son los chicos malos del Sunset Strip angelino. Formados en 1981, el bajista Nikki Sixx, el batería Tommy Lee, el cantante Vince Neil y el guitarrista Mick Mars iniciaron su trayectoria como una de las bandas habituales de los clubs de rock de Hollywood, hasta que el productor Allan Coffman les financió su álbum debut, *Too Fast For Love* (1981), cuyas 20.000 copias vendidas de manera independiente despertaron el interés de Elektra.

A partir de entonces, la discografía del cuarteto comenzó a nutrirse de discos imprescindibles: *Shout At The Devil* (1983), *Theatre Of Pain* (1985, del que fueron éxito los singles «Smokin' in the boys room» y «Home sweet home», cuyos videoclips emitió hasta la saciedad MTV), *Girls, Girls, Girls* (1986, número 2 en Estados Unidos) y, cerrando una primera etapa, *Dr. Feelgood* (1989), número 1 en Estados Unidos y del que se extrajeron como singles los temas «Kickstart my heart», «Don't go away mad», «Without you» y «Dr. Feelgood».

Tras renegociar el contrato con Elektra a cambio de 25 millones de dólares, en 1992 Neil dejaría temporalmente la banda, siendo reemplazado por John Corabi, que participaría en *Mötley Crüe* (1994), considerado un fracaso comercial. De ahí que en 1997, Neil regresase para el disco *Generation Swine*, número 4 en Estados Unidos, pero vapuleado por la crítica.

Tras el lapsus en prisión de Tommy Lee y su posterior marcha de la banda para formar Methods Of Mayhem, los Crüe dieron por concluido su contrato con Elektra y con Randy Castillo como nuevo batería publicaron *New Tattoo* (2000), disco en el que recuperaban su sonido original.

Tras los álbumes de compromiso *Red, White & Crüe* (2005) y *Carnival Of Sins Live* (2007), recopilatorio y directo, respectivamente, en 2008, de nuevo con Lee en la batería, apareció el álbum en estudio *Saints of Los Angeles*, número 4 en Estados Unidos y matriz de los singles «Saints of Los Angeles», «Motherfucker of the year» y «White trash circus». La promoción del disco incluyó la organización del festival Crüe Fest y, ya en 2009, una gira por Estados Unidos y Europa con sendas actuaciones en festivales como Download, Gods Of Metal, Kobetasonik y Hell Fest.

Posteriormente, Mötley Crüe han llevado a cabo giras compartiendo escenario con bandas como Poison, New York Dolls, Def Leppard y Kiss, aunque en el mes de enero de 2014 anunciaron su intención de abandonar toda actividad tras la publicación y promoción de un último nuevo disco.

Motörhead

Descargas eléctricas

Nacido como Ian Fraser Kilmister el 24 de diciembre de 1945 en Stoke-On-Trent, Inglaterra, Lemmy es el *alma mater* de Motörhead, una de las bandas más esenciales, genuinas y longevas del heavy metal.

Tras ser expulsado de Hawkind en 1975, Lemmy decidió formar su propia banda, para cuyo nombre precisamente se inspiró en una canción de los

mismos Hawkwind, «Warrior of the edge of time». En la primera formación de Motörhead, Lemmy se hizo acompañar del batería Philthy 'Animal' Taylor y el guitarrista 'Fast' Eddie Clarke, publicando en 1977 *Motörhead*, álbum producido por John Keen y distribuido por el sello Chiswick. El segundo disco, *Overkill* (1979), aparecería a través de Bronze Records, conteniendo algunos de los temas clásicos de la banda, como «Overkill», «No class» o «Stay clean». *Bomber* (1979) obtendría unas ventas considerables, aunque menores que el siguiente *Ace of Spades* (1980), el gran clásico de la discografía de Motörhead, producido por Vic Maile y preludio del álbum en directo *No Sleep 'Til Hammersmith* (1981), número 1 en Gran Bretaña.

Tras el EP grabado junto a Girlschool, *The Saint Valentine's Day Massacre* (1981), saldría al mercado *Iron Fist* (1982), último disco de la formación clásica de Motörhead, que dio entrada primero al guitarrista Brian 'Robbo' Robertson, quien sólo participaría en el disco *Another Perfect Day* (1983), y después a los guitarristas Wurzel y Phil Campbell y al batería Pete Gill.

Discográficamente, en la segunda mitad de los años ochenta Motörhead lazanrían los álbumes *Orgasmatron* (1986) y *Rock 'n' Roll* (1987), además del directo *No Sleep at All* (1988), para a partir de los años noventa y hasta la actualidad presentar una colección de títulos de los que los más recomendables son *1916* (1991, nominado a los Grammy), *Bastards* (1993), *Overnight Sensation* (1996), *Inferno* (2004) y *Aftershock* (2013), este último número 22 en Estados Unidos, logro que demuestra que la banda 'propiedad' de Lemmy sigue en la primera fila del heavy metal mundial y, presumiblemente, con cuerda para mucho tiempo.

Mr. Big

Conquistando las listas con talento

La melodía y el virtuosismo se dan cita en Mr. Big, cuarteto formado en 1988 en Los Angeles, Estados Unidos, por Eric Martin (cantante), Paul Gilbert (guitarra), Billy Sheehan (bajo) y Pat Torpey (batería).

Tras fichar por el sello Atlantic, en 1989 el grupo se estrenó discográficamente con el álbum *Mr. Big*, que si bien no obtuvo un éxito relevante en Estados Unidos sí lo hizo en Japón, lo cual daría pie posteriormente a una serie de discos dedicados al mercado nipón, como *Raw Like Sushi*, *Raw Like Sushi II*, *Japandemonium: Raw like sushi 3* y *Live at Budokan*. Mucha más repercusión obtendría su segundo disco, *Lean into It* (1991), gracias a los singles «To be with you» (número 1 en quince países), «Just take my heart» y «Green-tinted sixties mind», mientras que en 1993 sería «Wild world», una versión de Cat Stevens, la que les llevó de nuevo al Top 30 americano.

A pesar del éxito nada despreciable conseguido, en 1997 Gilbert decidió reformar su anterior banda, Racer X, por lo que en 1999 Mr. Big se mantuvieron activos con Ritchie Kotzen como guitarrista (en 2013 Kotzen, Sheehan y Mike Portnoy formarían el trío The Winnery Dogs) y el álbum *Get Over It*, cuyo tema «Superfantastic» fue número 1 en Japón, al igual que «Shine», perteneciente al disco *Actual Size* (2001). A pesar de que las discrepancias entre Sheehan y el resto de la banda llevaron a la disolución de esta en 2002, en 2009 los miembros originales de Mr. Big volverían a reunirse y tras el directo *Back to Budokan* de 2009, a finales de 2010 lanzaron el álbum en estudio *What If...*, producido por Kevin Shirley, el cual, sin ser de lo más destacado de su discografía, los devuelve a la actualidad musical como una de las referencias más interesantes del hard rock.

Mudvayne

Los inclasificables muchachos de Illinois

Pecualiar e imaginativo cuarteto de metal alternativo, formado en 1996 en Peoria, Illinois, por Chad Gray (cantante), Greg Tribbet (guitarra), Matthew

McDonough (batería) y Ryan Martinie (bajista). Desde el lanzamiento en 1996 del EP *Kill, I Oughtta*, Mudvayne han procurado desmarcarse tanto estética como musicalmente de las formaciones en boga, buscando una identidad propia desde su primer disco, *L.D. 50* (2000), para el cual requirieron los servicios como productores de Garth Richardson y Shawn Crahan (batería de Slipknot). Del álbum se publicaron dos singles, *Death blooms* y *Dig*, ambos Top 40 en Estados Unidos.

Posteriormente, Mudvayne han presentado una serie de trabajos recomendables, de entre los que destacan *The End Of All Things To Come* (2002, Top 20 en Estados Unidos), *Lost and Found* (2005, número 2) y *Mudvayne* (2009, número 53). En paralelo a la trayectoria del grupo, en 2007 Gray y Tribbett se unieron a Vinnie Paul Abbott, batería de Pantera, y a los miembros de Nothingface, Tom Maxwell y Jerry Montano, para dar vida a Hellyeah, banda que entre 2007 y 2012 han publicado los álbumes *Hellyeah*, *Stampede* y *Band of Brothers*, los tres Top 30 en la lista de éxitos de la revista *Billboard*.

My Dying Bride

El gusto por la estética romántica

Grupo britanico de doom metal, considerado uno de los máximos exponentes del estilo junto a Paradise Lost y Anathema.

Formados en el mes de junio de 1990 en Bradford, durante sus seis primeros meses de existencia editaron la maqueta *Towards the Sinister*, publicando en 1992 su primer larga duración, *As the Flower Withers*, cuya sonoridad oscura estaba influenciada por el death metal.

Tras reemplazar a Martin Powell por Sarah Stanton, My Dying Bride evolucionaron hacia un sonido más romántico, implicando que posteriores producciones, como *A Line of Deathless Kings* (2006), la voz se tornase más grave y apagada, al tiempo que los teclados adquirieron una mayor importancia.

Sus mejores discos, *The Angel & the Dark River* (1996), *The Light at the End of the World* (1999) y *The Dreadful Hours* (2001), han influenciado a bandas como The Gathering, Paradigma o Katatonia, gracias a un sonido interesante y particular.

Napalm Death

Arrasando sin piedad

Considerados como el génesis británico del death metal y el grindcore, Napalm Death, formados en 1981 en Birmingham, Inglaterra, por Nic Bullen, Miles Ratledge y Justin Broadrick, atinaron de tal manera las reminiscencias del hardcore punk y el metal que su *opera prima*, *Scum* (1987), se convirtió rápidamente en uno de los referentes más importantes del metal extremo de todos los tiempos.

Pero para cuando el disco hubo salido a la venta, los miembros de la banda habían cambiado por completo, estando formada en el momento en el que el disco vio la luz por Lee Dorrian (cantante), Jim Whitely (bajo), Bill Steer (guitarra) y Mick Harris (batería).

El siguiente *From Enslavement To Obliteration* (1988) mantuvo el interés de la prensa especializada en torno al grupo, que cambiaría de rumbo musical con *Harmony Corruption* (1990), más orientado al death metal y en cuya grabación participaron los guitarristas Jesse Pintado y Mitch Harris, así como el vocalista Mark Greenway.

Tras el excelente *Fear, Emptiness, Despair* (1994), Napalm Death se aventuraron a combinar death con metal industrial, dando lugar a *Diatribes* (1996), que, aunque también encomiable trabajo, fue recibido negativamente por algunos fans. De ahí que con *Inside The Torn Apart* (1997) y *Words From The Exit Wound* (1998) la banda optase por regresar a sus orígenes musicales, menos elaborados.

Tras el disco de versiones *Leaders Not Followers pt. 2* (2004) y el directo *The Code Is Red...Long Live The Code*, Napalm Death entraron en una nueva etapa, con una formación estable formada por Shane Embury, Mark Greenway, Mitch Harris y Danny Herrera, responsables de los álbumes *Punishment in Capitals* (2005), *Smear Campaign* (2006), *Time Waits for No Slave* (2009) y *Utilitarian* (2012).

Nevermore

Power metal desde la cuna del grunge

Una de las mejores bandas de metal de la actualidad son Nevermore, formados en 1991 en Seattle, Estados Unidos, por Warrel Dane (cantante) y Jim Sheppard (bajo), tras la disolución de la banda Sanctuary. Al nuevo proyecto se les sumaron Jeff Loomis (guitarra) y Mark Arrington (batería), aunque este último fue substituido por Van Williams para la grabación del primer álbum, *Nevermore* (1995).

Tras girar por Europa, junto a Blind Guardian, y Estados Unidos, con Death, en 1996 entró en la banda el guitarrista Pat O'Brien, con el publicaron el EP *In Memory* y el excelente álbum *The Politics of Ecstasy*, en el que Nevermore combinaban thrash metal y cadencias progresivas.

En 1999, con Tim Calvert como nuevo guitarrista, la banda lanzó *Dreaming Neon Black*, álbum conceptual seguido un año después por *Dead Heart in a Dead World*, producido por Andy Sneap. Cuatro años después, *Enemies of Reality* recibió críticas negativas debido a su ineficaz producción, aunque los siguientes *This Godless Endeavor* (2005) y *The Obsidian Conspiracy* (2010) resultaron producciones inspiradas que, sin embargo, no evitaron que en el mes de abril de 2011 Loomis y Williams anunciasen su marcha de la banda por diferencias personales y musicales con Dane; ausencias que no han impedido que Nevermore mantengan en la actualidad intacto su prestigio entre el público aficionado al metal progresivo.

Nine Inch Nails

El atormentado señor del metal industrial

Trent Reznor es el artífice de uno de los grandes grupos de metal que surgieron a comienzos de los años noventa en Estados Unidos, llegando a ser considerado en esa década como uno de los nuevos genios del rock.

Originarios de Cleveland, Estados Unidos, la discografía de NIN se abre con dos discos indispensables, *Pretty Hate Machine*, de 1989, y, nada menos que cinco años después, el magistral y exitoso *The Downard Spiral*. Preci-

samente a este período corresponden los dos Grammy obtenidos por los temas *Wish* y *Happiness in slavery*, de 1992 y 1995, respectivamente, éxitos que se contraponen a la depresión que afectó a Reznor, acuciada por el abuso de alcohol y drogas.

Tras *Fragile* (1999), que supuso una leve decepción después de sus excelsos predecesores, y *With Teeth* (2005), en 2007 aparecería *Year Zero*, título con el que Reznor criticaba la política del gobierno de George W. Bush y del que se derivaría la edición de un disco de remezclas, titulado *Year Zero Remixed*.

Ghosts I-IV (2008) fue una grabación instrumental de treinta y seis cortes lanzada a través de internet el mismo año en el que también apareció *The Slip*, del que se extrajo el sencillo *Discipline*. Con una inspiración ya menos atormentada que antaño, Reznor encararía el final de la primera década del nuevo milenio con *The Slip*, que dio lugar a una gira por Estados Unidos y Sudamérica, rematada por una serie de conciertos junto a Jane's Addiction y algunos recitales en 2009 por Europa y Asia.

El úlitmo disco de NIN vería la luz el 3 de septiembre de 2013 bajo el título *Hesitation Marks*, tras el lanzamiento, el 6 de junio de ese mismo año, del single «Came back haunted».

Nuclear Assault

Treinta años de thrash a bocajarro

Banda de thrash metal formada en 1984 por los exmiembros de Anthrax Dan Liker (bajo) y John Connely (cantante).

Su primer álbum de estudio, *Game Over* (1986), les llevó a firmar con IRS Records (distribuida por la multinacional A&M Records), haciendo posible que su segundo disco, *Survive* (1988), alcanzase el puesto 125 en Estados Unidos y les permitiera abrir la gira de conciertos por Europa y Estados Unidos de Slayer y Acid Reign.

En términos comerciales y artísticos, *Handle With Care* (1989), es la *pièce de rèsistence* de la discografía de Nuclear Assault y un éxito que en su momento les llevó a realizar su primera visita a Japón.

Tras algunos cambios en su alineación y el escaso mérito de *Something Wicked* (1993), en 1995 Nuclear Assault se disolvieron, aunque en 2002 anunciaron su reconciliación, que se confirmó con una serie de actuaciones por Europa junto a Testament, Death Angel, Exodus y Agent Steel.

Ya en 2005 aparecería *Third World Genocide*, promocionado mediante una nueva gira por Europa y Sudamérica en la que compartieron escenario con Sdom. Desde entonces, Nuclear Assault permanecen en activo de manera interrumpida, si bien con proyectos futuros que incluyen el lanzamiento de un nuevo disco en 2015.

Ted Nugent

El vaquero de las seis cuerdas

Tras su paso por The Amboy Dukes, quienes entre 1968 y 1974 publicarían ocho álbumes recomendables, en 1975 el histriónico guitarrista Theodore Ted' Nugent (13 de diciembre de 1948, Detroit, Estados Unidos) decidió iniciar su carrera en solitario, contando para ello con el cantante y guitarrista Derek St. Holmes, el bajista Rob Grande y el batería Cliff Davies.

Bajo el sello Epic, Nugent publicó su primer álbum en 1976, *Ted Nugent*, del que se vendieron dos millones de copias.

Para el siguiente *Free For All* (1976), el guitarrista contó con Meat Loaf como vocalista, si bien Holmes regresó a la banda en *Cat Scratch Fever* (1977), la mejor grabación de Nugent en estudio, que junto al soberbio *Double Live Gonzo* (1978) conforman la piedras de toque de su discografía. A lo largo de la década siguiente, Nugent consolidaría un sonido más mainstream, aunque jalonando su carrera con discos tan potentes como el directo *Intensities in Ten Cities*. Con las modas musicales en contra optó en 1989 integrarse en el supergrupo Damn Yankees, junto a Jack Blades (Night Ranger), Tommy Shaw (Styx) y Michael Cartellone, cuyo primer disco homónimo les deparó un fugaz éxito.

Una vez disueltos Damn Yankees, Nugent retomó su carrera, publicando una nueva serie de discos de los cuales destaca *Craveman* (2002), aunque, en general, sumidos en una línea menor a sus grabaciones del pasado.

En los últimos años, el guitarrista también ha sido foco de atención por su controvertida opinión política, que incluye la libre venta de armas y la oposición al partido demócrata norteamericano.

Obituary

La esquela perfecta

En 1985 los hermanos John (cantante) y Donald Tardy (batería), junto a los guitarras Allen West y Trevor Peres y el bajista Daniel Tucker, formaron Executioner, que dos años después se convertirían en Obituary, una más de las mejores propuestas de death metal surgidas de la prolífica Florida.

Tras los recomendables *Slowly We Rot* (1989) y *Cause of Death* (1990), en 1992 Obituary publicaron *The End Complete*, su álbum más vendido y con el que se consolidaron como uno de los nombres importantes del death. Sin embargo, el tono menor de sus dos siguientes trabajos discográficos, *World Demise* (1994) y *Back From the Dead* (1997), la banda se separó temporalmente, lo que permitió a que Allen West se uniese a Chris Barnes para formar Six Feet Under.

Pero a comienzos de la siguiente década, los Tardy reunieron de nuevo al grupo, publicando en 2005 su sexto álbum, *Frozen in Time*, firmando en 2007 con el sello Candelight Records, con el que aquel mismo año lanzaron un nuevo trabajo, *Xecutioners Return*, título que es un claro guiño a sus primeros tiempos en la música.

Obituary tan sólo han escrito desde entonces dos nuevos capítulos sonoros, el EP *Left To Die* (2008) y el álbum *Darkest Day* (2009), aunque mantienen una apretada agenda de conciertos, que en 2014 los llevó a recorrer exhaustivamente Europa, Sudamérica y Estados Unidos.

Onslaught

Las tormentosas vicisitudes de un pequeño clásico

Banda de thrash metal originaria de Bristol, Ingaletrra, formada por el guitarrista Nigel Rockett, el cantante Jase Papa, el bajista Paul Hill y el batería Steve Grice.

Activos entre 1983 y 1991 y posteriormente reformados en 2004, en sus comienzos Onslaught estuvieron influenciados por la segunda ola del punk rock británico, aunque después cambiaron su sonido por el del thrash metal. Tras la substitución de algunos miembros y la edición del EP *What Lies Ahead* (1983), en 1984 la banda firmó con el sello Children of the Revolution Records, con el que publicaron el álbum *Power From Hell* (1985), cuya precaria distribución conminó a un cambio de discogràfica, Under One Flag, para el siguiente *The Force* (1986), considerado un clásico por la crítica.

A partir de entonces la inestabilidad en el seno de la formación, que incluyó su disolución durante más de una década, y lo irregular de sus posteriores trabajos discográficos, de los que tan sólo cabe reseñar *Killing Peace* (2007), impidieron a Onslaught labrarse una carrera sólida y estable, aunque han sabido perdurar en el tiempo contra pronóstico, lanzando en 2013 su sexto álbum en estudio, *VI*, a través del sello germano AFM Records.

Opeth

Sinfonías de black metal

Opeth son una de las bandas más prestigiosas del metal progresivo, con una discografía repleta de álbumes de una técnica e inspiración depurada.

Formados en 1990 en Estocolmo, Suecia, por Mikael Akerfeldt y Peter Lindgen tras la disolución de la banda de death metal Eruption, Opeth se estrenaron en el negocio discográfico en 1995 con *Orchid*, cuya meritoria factura son el preludio de grandes discos en los que la experimentación y la melodía son algunas de sus principales características. Así, de entre la decena títulos que los suecos han grabado destacan *Blackwater Park* (2001), producido por Steve Wilson (Porcupine Tree); *Ghost Reveries* (2005), Top 100 en Estados Unidos y en el que lo progresivo se combina con el death metal, y *Heritage* (2011), Top 20 en Estados Unidos y que no cuenta con la guitarra de Lindaren, quien había abandonado la banda meses antes de la grabación de *Watershed* (2008). En la actualidad, Opeth se mantienen en la brecha, participando en festivales como Download o Hellfest, con motivo del álbum *Pale Comunión*, en el mercado desde el 17 de junio de 2014.

Ozzy Osbourne

El loco padrino del metal

Antes de iniciar su extensa carrera en solitario, Ozzy Osbourne se labró su propia leyenda como vocalista de los excelsos Black Sabbath. Fueron sus devaneos con el alcohol y las drogas los que forzaron a que en 1979 fuese despedido de la legendaria banda, si bien gracias al apoyo de Sharon Arden, hija del representante de Black Sabbath, Ozzy reemprendió su carrera musical tras fichar por el sello Jet Records, con el que en 1980 publicó el álbum *Blizzard of Ozz*, el cual, junto al siguiente *Diary of a Madman* (1981) deben buena parte de su inspiración al joven guitarrista Randy Rhoads, fallecido en el mes de marzo de 1982, en un trágico accidente mientras la banda de Osbourne se encontraba de gira.

El substituto de Rhoads fue otro guitarrista de talento, Jake E. Lee, con el que Ozzy grabaría los álbumes *Bark at the Moon* (1983) y *The Ultimate Sin* (1986). Tras el directo *Tribute* (1987), Zakk Wylde se haría cargo de las seis cuerdas, participando activamente en los discos *No Rest for the Wicked* (1988) y *No More Tears* (1991), dos nuevos éxitos que permitieron a Ozzy mantenerse como una de las figuras claves del metal estadounidense.

Tras el directo *Live and Loud* (1993), Top 10 en la lista de álbumes de la revista *Billboard*, llegaría *Ozzmosis* (1995), motivo de la gira 'The Retirement Sucks Tour' y del festival Ozzfest, en el que a lo largo de sus posteriores ediciones ha contado con la participación de formaciones como System of a Down, Limp Bizkit, Korn, Linkin Park, Slipknot, Sepultura, Metallica, Marilyn Manson, Pantera, Iron Maiden, Judas Priest, Slayer o Megadeth.

Down to Earth (2001) es, hasta la fecha, el último disco de Ozzy en conseguir la categoría de Disco de Platino en Estados Unidos, si bien títulos originales posteriores, como *Black Rain* (2007) y *Scream* (2010), o el reality televisivo *Los Osbourne* han favorecido a que Osbourne sea una de las figuras más populares del metal a nivel mundial.

Overkill

Precursores en la sombra

Este quinteto neoyorquino de thrash metal formado en 1984 por el bajista Carlos Verni, el guitarrista Lee Kundrat y el cantante Bobby Ellsworth (Dan Spitz de Anthrax fue miembro entre 1980 y 1981), posee el honor de estar considerado como la primera banda que compuso un tema thrash, «Unleash the beast within'», pocos meses antes de que los después todopoderosos Metallica hicieran lo propio con «Hit the lights». El primer disco de Overkill, *Feel the Fire*, aparecería en 1985, no siendo hasta 1991 cuando lo haría su mejor trabajo, *Horrorscope*, en el que participaron los guitarristas Rob Cannavino y Merritt Gant.

Ni las posteriores idas y venidas en el seno de la banda ni el paso del tiempo han perjudicado la calidad de los discos de Overkill; de hecho, sus dos últimos trabajos hasta la fecha, *Ironbound* (2010) y *The Electric Age* (2012), son reconocidos como de lo mejor de su pródiga discografía.

La formación actual la componen, además de Ellsworth y Verni, los guitarristas Dave Linsk y Derek Tailer y el batería Ron Lipnicki, quienes entre el mes de abril de 2012 y el mes de marzo de 2014 llevaron a cabo la extensa gira 'The Eletric Age World Tour'.

Pantera

El sueño terminó...

Hubo un antes y un después en la historia de esta banda de thrash metal formada en 1982 en Arlington, Texas, por los hermanos 'Dimebag' Darrell y Vinnie Paul, produciéndose un cambio fundamental en su orientación musical en 1987, cuando Phil Anselmo entró como nuevo cantante. Hasta entonces, las grabaciones de Pantera fueron del glam metal al heavy metal más contundente, evolución que recogen *Metal Magic* (1983), *Projects in the Jungle* (1984), *I Am the Night* (1985) y *Power Metal* (1988).

Pero con la entrada de Anselmo, en 1990 y en 1992 el cuarteto publicó dos de los mejores discos del metal: *Cowboys From Hell* y *Vulgar Display of Power*, resultando especialmente exitoso el segundo, que entró en el Top 50 norteamericano.

Ni el éxito, y mucho menos el tono menor de los siguientes tres álbumes (*Far Beyond Driven* -1994-, *The Great Southern Trendkill* -1996- y *Reinventig the Steel* -2000-), evitaron las tensiones en el grupo, en parte provocadas por el comportamiento errático de Anselmo, por lo que en 2001 Pantera decidieron tomarse un respiro, durante el cual el cantante se mantuvo en activo con las bandas Superjoint Ritual y Down, mientras que los Abbott harían lo propio con Damageplan, junto a Bob Zilla (bajo) y Patrick Lachman (cantante). Por desgracia, la posibilidad de que Pantera volvieran a reunirse en el futuro se truncó el 8 de diciembre de 2004, cuando Darrell fue tiroteado mientras Damageplan actuaban en el club Alrosa Villa de Columbus, Ohio, en la gira de presentación del primer disco del cuarteto, *New Found Power* (2004).

Paradise Lost

En el corazón del doom metal

Formados en 1988 en Halifax, Inglaterra, por Neville Holmes (cantante), Aaron Aedy y Gregor McKintosh (guitarras), Stephen Edmondson (bajo) y Matthew Archer (batería), Paradise Lost están considerados, junto a

Anathema y My Dying Bride, como los creadores del doom metal, estilo con el que plasmaron su primer disco, *Lost Paradise*, publicado en 1990.

Tras *Gothic* (1991), piedra angular del goth metal por su hábil incorporación de voces femeninas y arreglos orquestales, la discografía de Paradise Lost adquirió mayor relevancia con los siguientes tres títulos: *Shades of God* (1992), *Icon* (1993, considerado el mejor trabajo de la banda) y *Draconian Times* (1995, grabado con Lee Morris en substitución de Archer en la batería).

Para el siguiente *One Second* (1997) Holmes y McKintosh, el *alma mater* de Paradise Lost, decidierion dar mayor preponderancia a los teclados, consiguiendo dos nuevos temas clásicos del grupo, «Say just words» y «One second», mientras que en *Host* (1999) optaron por incorporar sonidos electrónicos que fueron repudiados por sus seguidores más antiguos. Este rechazo propició a que para *Believe in Nothing* (2001) la banda recuperase el sonido clásico de la guitarra eléctrica, que también abundó en *Symbol of Life* (2002) y *Paradise Lost* (2005).

La época dorada de Paradise Lost parece haber quedado atrás, cuando eran inspiración para las nuevas bandas, puesto que sus más recientes trabajos, *In Requiem* (2007), *Faith Divides Us, Death Unites Us* (2009), con Adrian Erlandsson en la batería, y *Tragic Idol* (2012), no dejan de estar considerados por la prensa especializada como trabajos correctos.

Pentagram

Las últimas consecuencias de la maldición

Cuarteto formado en 1971 en Woodbridge, Estados Unidos, considerados, junto a Black Sabbath, como precursores del heavy metal y del posterior doom metal.

El que haya pasado a la historia de manera mucho más discreta que el cuarteto de Birmingham se debe, además de por el tono menor de su obra, por la imposibilidad de no poder publicar su primer álbum hasta 1985.

Resulta peculiar el perfil artístico de su máximo hacedor, el cantante Bobby Liebling, cuyos textos recogían parte de su turbulenta vida (tanto que en 2011 Don Argott y Demian Fenton rodaron el muy interesante documental *Last Days Here*).

De la discografía de Pentagram se deben tener presentes discos como *Day of Reckoning* (1987), *Be Forewarned* (1995), *Review Your Choices* (1999) o el más reciente *Last Rites* (2011), que convierten en la actualidad a la banda de Liebling en una *delicatessen* para los seguidores más eruditos del metal.

Pestilence

La virtud de transfigurar

Una de las pocas, pero reputadas, bandas de death metal originarias de la pequeña Holanda son Pestilence, cuarteto en activo desde 1986.

Su talento, versado en sus comienzos más en el thrash metal, fue rápidamente percibido por el sello Roadrunner, que los fichó viendo en ellos unos nuevos Sepultura. Su primer disco, *Malleus Maleficarum* (1988) así parecía confirmarlo, aunque con el siguiente, *Consuming Impulse* (1989), la banda protagonizó su giro definitivo hacia el death, mientras que *Testimony of the Ancients* (1991) les valió su consagración definitiva a nivel internacional, al mostrarse como uno de los principales innovadores del estilo.

Por entonces, el único handicap de Pestilence era su propia inestabilidad como banda, lo que desembocó a que, tras *Spheres* (1993), optasen por separarse.

No obstante, con el revival del heavy metal de mediados de la primera década del siglo XXI, en 2008 Patrick Mameli anunció la reunión del grupo, preludio de la segunda y notable etapa en la discografía de Pestilence, iniciada con el álbum *Resurrection Macabre* (2009) y culminada, hasta el momento, con *Obsideo* (2013).

Poison

Éxito con espinas

Poison son una de las más populares bandas de glam metal, formada en 1983 en Mechanicsburg, Pennsylvania, por el cantante Bret Michaels, el guitarrista Matt Smith, el bajista Bobby Dall y el batería Rikki Rockett, bajo el nombre de Paris, modificado por el definitivo Poison a raíz del traslado de la formación a Los Angeles.

Con CC deVille como guitarra, Poison grabaron el multiplatino *Look What The Cat Dragged in* (1986), al que pertenecen los singles «Cry tough», «Talk dirty to me», «I want action» y «I won't forget you».

A los conciertos del Look What the Cat Dragged In Tour por Estados Unidos, Canadá y Japón les siguió la grabación de *Open Up and Say... Ahh!* (1988), del que se vendieron 11 millones de copias y del que fueron singles los temas «Every rose has its thorn», «Nothin' but a good time», «Fallen angel» y «Your mama don't dance». Por entonces, Poison eran la tercera banda norteamericana de mayores ventas, tan sólo por detrás de Guns N' Roses y Bon Jovi.

Su fórmula magistral se repitió con el tercer álbum, *Flesh & Blood* (1990), siete millones de discos vendidos y una nueva retahíla de singles: «Unskinny

bop», «Ride the wind», «Life goes on» y «Something to believe in». La participación en el Festival de Donington de 1990, compartiendo cartel con Aerosmith y Whitesnake, entre otros artistas, y la publicación del directo *Swallow This Live* (1991) significaron el final de la etapa de mayor esplendor de Poison, cerrada tras la expulsión de CC DeVille por sus problemas con las drogas.

Con Richie Kotzen, el grupo grabó *Native Tongue*, más orientado al blues y cuyo relativo fracaso comercial trajo la entrada del guitarrista Blues Saraceno en plena gira por Latinoamérica, la cual incluyó una actuación en Brasil ante más de cien mil personas en el mes de agosto de 1993. El posterior accidente de circulación de Michaels y el desinterés de Capitol Records confinaron a Poison a la inactividad hasta 1999, cuando Michaels y DeVille arreglaron sus diferencias y la formación original emprende una gira internacional.

Con la llegada del nuevo siglo llegarán nuevos discos (*Crack a Smile... And More* y *Power to the People*, ambos de 2000, y *Hollyweird*, en 2002) y giras para el recuerdo, como las compartidas con Kiss (en 2004), Def Leppard y Cheap Trick (en 2009) y Mötley Crüe y New York Dolls (en 2011).

Primus

La crème de la crème del metal alternativo

Formados en 1986 en San Francisco, por el bajista Les Claypool, el guitarrista Larry LaLonde y el batería Tim Alexander, Primus son una peculiar banda de metal alternativo, en buena parte debido a la idiosincrasia de Claypool, que debutó discográficamente, en contra de lo habitual, con una producción en directo, *Suck On This* (1990), editada por el sello Caroline Distribution, el mismo que se encargaría del siguiente *Frizzle Fry* (1990).

Ya con Interscope, la discográfica fundada por Jimmy Iovine y Ted Field y distribuida por Atlantic Records, Primus abrirían su etapa más creativa con álbumes de primera categoría, como *Sailing the Seas of Cheese* (1991), *Pork Soda* (1993), *Tales From Punchbowl* (1995) y *The Brown Album* (1997). Después, a partir de la segunda mitad de los años noventa y hasta la fecha, han sido poco pródigos en estudio, con tan sólo tres nuevos discos en casi veinte años (*Rhinoplasty* -1998-, *Antipop* -1999- y *Green Naughyde* -2011-), de resultados artísticos muy notables y motivo de actuaciones regulares, como la exhaustiva gira entre los meses de mayo y junio de 2014 por Estados Unidos, a las que asisten un reducido número de fieles seguidores.

Prong

Cadencias inauditas

Aunque considerados habitualmente como un cuarteto de groove metal, Prong, originarios de Nueva York, han destilado un estilo musical desarrollado en el thrash-hardcore al que han añadido pinceladas de groove-funk. De esta manera, y desde 1985, la banda del cantante y guitarrista Tommy Victor ha experimentado una constante evolución sonora, yendo del hardocre punk de su debut discográfico, *Primitive Origins* (1987), hacia el metal del siguiente *Force Fed* (1988). En 1990, tras fichar por Epic Records, publicaron su primer gran álbum, *Beg to Differ*, claramente decantado hacia el thrash metal, seguido de otros dos álbumes de calidad, *Prove You Wrong* (1991), de connotaciones metal industrial, y, ya en 1994, el excelente *Cleansing*, del que se extrajó el exitoso single «Snap your fingers, snap your neck» y que cierra la mejor etapa de Prong. Por ello, tras el fallido *Rude Awakening* (1996), que redunda en el metal industrial, el grupo decidió separarse temporalmente, lo que Victor aprovechó para unirse a Danzig. No obstante, en 2002 Victor reunió de nuevo a la banda, con Monte Pittman como guitarrista, Dan Laudo a la batería y Brian Perry al bajo, publicando en 2003 el mediocre *Scorpio Rising*.

Mejores logros consiguieron con *Power of Damager* (2007) y, cinco años después, con *Carved Into Stone*, que significó un regreso al groove metal y con el que desde entonces y hasta la actualidad ha servido a que Prong continúen actuando regularmente por Estados Unidos y, especialmente, Europa.

Queen of the Stone Age

Tras el talento de Josh Homme

Formados a resultas de los extintos Kyuss, Queens Of The Stone Age se formaron en 1997 de la mano del cantante y guitarrista Josh Homme, considerado como uno de los autores más relevantes de los últimos años del metal.

La discografía de QOTSA se resume en poco más de media docena de títulos, aunque dotados todos ellos de una enorme calidad, ya evidente en su disco debut, *Queens Of The Stone Age* (1998), que perpetuaba la senda expuesta anteriormente por Kyuss en temas como «Mexicola», «Avon» o el sencillo «If only», que sirvieron para que la revista *Rolling Stone* los considerase entonces como una de las mejores bandas del momento. El nivel se mantuvo con álbumes igual de encomiables como *Rated R* (2000), en el que colaboraron Mark Lanegan y Rob Halford, o el magistral *Songs for the Deaf* (2002), en el que participó el hiperactivo Dave Grohl (exNirvana y líder de Foo Fighters) y del que se extrajeron los singles «No one knows», «Go with the flor» y «First it giveth».

En el mes de febrero de 2004, y sin el inspirado bajista Nick Oliveri (expulsado de la banda), Homme encaró la grabación del notable *Lullabies to Paralyze* (2005), número 5 en Estados Unidos y disco al que pertenece «Everybody

knows that you're insane», tema precisamente dedicado a Oliveri. Tras *Era Vulgaris* (2007), cuyo lanzamiento se vio precedido por el del sencillo *Sick, sick, sick*, entraron en la formación Michael Shuman, como bajista, y Dean Fertita, como teclista, con los que Homme se embarcó en una gira mundial que recorrió Estados Unidos, Gran Bretaña, Australia y Canadá.

El último álbum publicado hasta la fecha por QOTSA es el también excelente *...Like Clockwork*, número 1 en Estados Unidos y en el que colaboraron Elton John, Trent Reznor, Dave Grohl y el desterrado Nick Oliveri. Tras algunas actuaciones por Estados Unidos la banda se presentó en 2014 en festivales europeos como Rock In Rio (Portugal), Primavera Sound (España), Rock Am Ring (Alemania) o Pukkelpop (Bélgica).

Queensrÿche

Treinta años de progresivo

Queensrÿche son una de las primeras y más talentosas bandas de metal progresivo, formada en Bellevue, Estados Unidos, en 1981 por Chris DeGarmo (guitarra), Scott Rockenfield (batería), Geoff Tate (cantante), Michael Wilton (guitarra) y Eddie Jackson (bajo).

Su primera publicación discográfica, el EP *Queen Of The Reich* (1983), autofinanciado y distribuido por el sello de la banda, 206 Records, captó el interés del sello EMI, con él lanzaron durante los siguientes tres años otros tantos álbumes con un sonido inspirado en bandas como Iron Maiden y Judas Priest. No obstante, en 1988, ya con un sonido propio, el quinteto publicó *Operation: Mindcrime*, una de las obras cumbres del metal progresivo, que incluía arreglos orquestales de Michael Kamen, seguido dos años después por *Empire*, ambiciosa grabación de la que fue éxito el tema «Silent lucidity».

A partir de entonces, Queensrÿche se sumió en una fase de menor inspiración, aún con álbumes tan interesantes como *Promise Land* (1994) o, ya sin el guitarrista Chris DeGarmo, *Tribe* (2003).

La falta de inspiración y la añoranza de tiempos mejores llevó a la publicación en 2006 de *Operation: Mindcrime II*, que al verse desprovisto del éxito de antaño provocó las tiranteces en el seno de la banda que culmanaron en 2012 con la expulsión de Tate, quien, inesperadamente, continuó su carrera utilizando el nombre de la formación, dando lugar a que en 2013 apareciesen dos álbumes bajo el nombre de Queensrÿche: *Frequency Unkown*, de la nueva banda de Tate, y *Queensrÿche*, publicado por sus excompañeros.

Quiet Riot

Obstinados hasta el fin

Aunque en Europa son uno de las nombres menos recordados, Quiet Riot fueron la primera banda de heavy metal en triunfar en Estados Unidos durante la primera mitad de los años ochenta.

Formados en Los Angeles en 1975 por el cantante Kevin DuBrow, el guitarrista Randy Rhoads, el bajista Kelly Garni y el batería Drew Forsyth, no sería hasta 1983 cuando, tras dos discos de escaso éxito, *Quiet Riot* (1977) y *Quiet Riot II* (1978), lograron triunfar como uno de los máximos exponentes del denominado glam metal gracias a su tercer disco, *Metal Health* (1983), el primer disco de heavy metal en alcanzar el número 1 en Estados Unidos, gracias en buena medida al éxito de la versión *Cum on feel the noize*, número 5 en Estados Unidos. Por entonces, Quiet Riot lo formaban DuBrow, el guitarrista Carlos Cavazo, el bajista Rudy Sarzo y el batería Frankie Banali. Pero el estrellato resultó pasajero y rápidamente Quiet Riot se sumieron en un segundo plano tras *Condition Criminal* (1984), álbum del cual, no obstante, se vendieron tres millones de copias.

En la actualidad, y a pesar de que en el mes de noviembre de 2007 falleció DuBrow, Banali mantiene en activo a Quiet Riot, acompañado del bajista Chuck Wright, el batería Alex Grossi y el cantante Keith St. John.

Rage Against the Machine

Agitando conciencias

Formados en 1991 en Los Angeles, Estados Unidos, por el guitarrista Tom Morello, el cantante Zack de la Rocha, el bajista Tim Commerford y el batería Brad Wilk, Rage Against the Machine son una de las bandas más representativas de los años noventa, tanto por su música como por su reconocido compromiso social.

Tras actuar en sus comienzos como teloneros de Porno for Pyros y Suicidal Tendencies y participar en la segunda edición del festival Lollapalooza, en 1992 publicaron su primer disco, el indispensable *Rage Against the Machine*, número 45 en Estados Unidos, con textos de alto contenido político-social, reivindicación que hicieron evidente en 1993 al mostrar su repulsa contra la asociación conservadora Parents Music Resource Center (PMRC) o el apoyo de Zack de la Rocha en 1994 al Ejército Zapatista de Liberación Nacional (EZLN).

De hecho, los compromisos ideológicos de RATM fueron los que retrasaron la edición de su segundo álbum, *Evil Empire* (1996), aunque una vez en el mercado la grabación subió al primer puesto de la lista de éxitos de la revista *Billboard*.

En una fase de aletargamiento previa a la publicación de *The Battle of Los Angeles* (1999), RATM continuaron participando en eventos significativos, como el Tibetan Freedom Concert y el concierto a beneficio de Mumia Abu-Jamal. Después, de la Rocha inició su carrera en solitario, arguyendo que su decisión se debía a la falta de ideas creativas que sufría el grupo. Sin el cantante, RATM intentaron proseguir su trayectoria con el álbum de versiones *Renegades* (2000), pero poco después decidieron disolverse.

No obstante, RATM ofrecerían puntualmente nuevas actuaciones, como las llevadas a cabo en 2006 en el Festival de Música y Artes de Coachella Valley o en 2007 en el festival Rock The Bells, así como algunas breves giras por Australia, Japón, Europa y Sudamérica.

Rainbow

Hijos de un dios menor

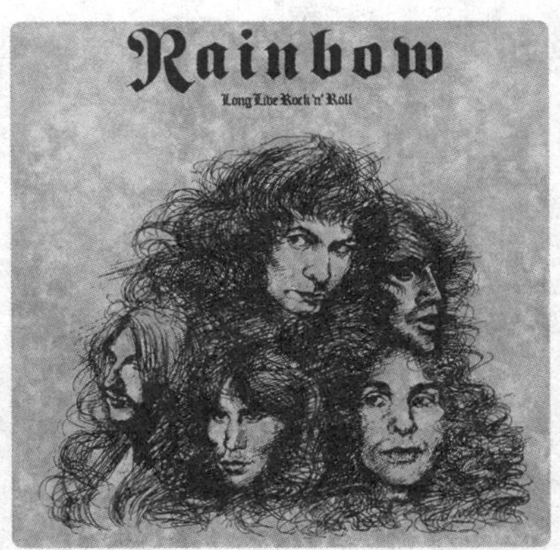

Tras su paso por los históricos y fundamentales Deep Purple, en 1975 el guitarrista Ritchie Blackmore decidió emprender su propia carrera bajo la denominación grupal de Rainbow, fichando como músicos de acompañamiento a los íntegrantes de Elf, encabezados por el gran vocalista Ronnie James Dio. Con estos tan sólo grabó el álbum *Ritchie Blackmore's Rainbow* (1975), que incluye el clásico *Man on the silver mountain*, aunque para los siguientes álbumes, *Rising* (1976) y *Long Live Rock'n'Roll* (1978), mantuvo, como no podía ser de otra manera, a Dio como vocalista, quien, en 1979, acabó aceptando la propuesta de Tony Iommi para ocupar la vacante de Ozzy Osbourne en Black Sabbath.

En Rainbow, el también excelente cantante Graham Bonnet sería quien substituiría a Dio y con otro exDeep Purple, el bajista Roger Glover, la banda de Blackmore puso su mirada en el mercado americano, grabando algunos hits como *Since you been gone* y *All night long*, pertenecientes al álbum *Down to Earth* (1979).

Pero como Bonnet regresó a Alcatrazz, en el siguiente disco, el multiventas *Difficult to Cure* (1981), sería Joe Lynn Turner el encargado de las partes vocales. Tras dos nuevas grabaciones de notable factura, *Straight Between the Eyes* (1982) y *Bent Out of Shape* (1983), y algunos conciertos en Japón junto a la Filarmónica de Tokyo, en 1984 el inquieto Blackmore regresaría temporalmente a Deep Purple, aunque en 1995, tras abandonar de nuevo la banda que le había dado renombre, grabaría de nuevo como Rainbow el álbum *Stranger in Us All*. No obstante, dos años después, el guitarrista inició una nueva etapa musical junto a su compañera sentimental, la cantante Candice Night, formando Blackmore's Night, orientándose al folk de cadencias medievales.

Rammstein

Controversia germana

Uno de los mejores ejemplos de que el marchamo del rock no está indiscutiblemente ligado a la tradición anglosajona es el de Rammstein, sexteto formado en 1994 en Berlín, considerados por muchos como una de las referencias más innovadoras del metal de comienzos del siglo XXI, tanto por su música como por sus procaces letras.

De su iconoclasia se percató rápidamente el realizador David Lynch, que incluyó *Rammstein*, uno de los temas de su primer álbum, *Herzeleid* (1995), en la banda sonora de su película *Carretera Perdida*.

Sehnsucht (1998), es su trabajo más logrado hasta la fecha, gracias a los singles *Du hast* (nominado a los premios Grammy) y *Engel*, que les valieron su primera gira por Estados Unidos, compartiendo escenario con bandas como Soulfly, Slipknot, Mudvayne o System of a Down.

Después, Rammstein mantuvieron una trayectoria discográfica regular, con discos como *Mutter* (2001), del que colocaron algunas de sus canciones en las bandas sonoras de películas comerciales, como fue el caso de «Feuer frei!», en *XXX*; «Halleluja», en *Resident Evil*; «Du hast», en *Matrix*, y «Mein herz brennt», en *Hellboy 2*. Su cuarto álbum en estudio, *Reise, Reise* (2004), daría lugar a una extensa gira, el 'Ahoi Tour', con la que visitaron veintiún países y fueron vistos por más de un millón de espectadores.

Ya en 2009, Rammstein fueron motivo de cierta polémica por el contenido de los videoclips de los temas «Pussy», de contenido sexual explícito, e «Ich tu dir weh», censurado en Alemania, ambos pertenecientes al álbum *Liebe Ist für Alle Da*. A pesar de la trifulca mediática que comportaron estas filmaciones, que no hizo sino aumentar su popularidad, Rammstein, sin haber publicado un nuevo trabajo en los siguientes cuatro años, se mantuvieron en activo sobre los escenarios, siendo su última serie de conciertos los ofrecidos en Europa entre los meses de abril y julio de 2013.

Ratt

Tópicos glamurosos

Formados en 1978 en San Diego, California, por el cantante Stephen Pearcy, el guitarrista Robbin Crosby y el bajista Juan Croucier, Ratt fueron una de las bandas de glam metal de mayor impacto en Estados Unidos a mediados de los años ochenta.

Con Bobby Blotzer a la batería y Warren DeMartini como guitarra solista y tras fichar por Atlantic Records, los dos primeros discos de la formación reúnen los tópicos y las sonoridades representativas del hard rock de la época, forjado en los clubs de Los Angeles: *Out of the Cellar* (1984), su mejor producción, de la que gracias al apoyo de la cadena MTV fue éxito el single «Round and round» (número 12 en Estados Unidos), e *Invasion of Your Privacy* (1985).

En su época de mayor gloria, Ratt compartieron escenario con Bon Jovi, Iron Maiden y Ozzy Osbourne, participando en la edición de 1985 del Festival de Donington, junto a ZZ Top, Bon Jovi, Metallica y Magnum. Incluso el álbum *Dancing Undercover* (1986) les permitió llevar a cabo el sexto tour de mayor recaudación de 1987, aunque el mediocre *Reach for the Sky* (1987) significó el inicio de su declive, afectado por los serios problemas con las drogas de Crosby, quien, fallecería por Sida en 2002.

Antes del fatal desenlace, en 1993, Pearcy había abandonado Ratt, regresando regresaría en 1996, grabando en 1999 *Ratt*. El fracaso comercial de

Ratt y de Pearcy en solitario llevó a una nueva reunión en 2006, llegando cuatro años más tarde el álbum *Infestation*. Desde entonces, Pearcy compagina su propia carrera en solitario con la de Ratt, con la previsión de grabar un nuevo álbum en 2014.

Raven

Luchar y morir en el intento

Los hermanos John y Mark Gallagher, originarios de Newcastle, Inglaterra, tuvieron a su alcance el convertirse en una de las bandas más importantes de la NWOBHM, posibilidad que se vino abajo por un cúmulo de mala suerte y repentina falta de inspiración.

Estéticamente, en sus inicios Raven se hicieron populares por el uso de indumentaria basada en la equipación deportiva del hockey y el baseball, aunque lo que captó en 1980 el interés del sector discográfico fue su primer single, «Don't need your money». A continuación, la banda presentaría tres discos prácticamente impecables: *Rock Until You Drop* (1981), con el que se ganaron el beneplácito de público europeo; *Wiped Out* (1982), su tarjeta de presentación en Estados Unidos, y *All for One* (1983), que les valió formar parte de Megaforce Records y llevar a cabo una gira como teloneros de Metallica.

Pero tras el directo *Live at the Inferno* (1984) y su traslado a Nueva York, comenzaron a publicar discos escasamente productivos, circunstancia que unida al auge del grunge y al accidente que en 2001 sufrió Mark Gallagher acabó de apartarlos de la actividad.

No obstante, a finales del primer decenio del siglo XXI, Raven volvieron a actuar en algunos festivales americanos y europeos, al tiempo que en 2009 lanzaban el álbum *Walk Through Fire*, muy bien recibido tanto por la crítica como por sus fans.

Red Hot Chili Peppers

Cambiando los patrones musicales

Aunque ya llevaban algunos años mostrando su particular combinación de funk y rock, fue a comienzos de los años noventa cuando la industria discográfica internacional se vio agitada por la última revolución musical, que, de manera ecléctica, podríamos definir como la del rock alternativo en sus diferentes y nuevos estilos. A este estilo pertenecen Red Hot Chili Peppers, formados en 1983 en Los Angeles, por Anthony Kiedis y Michael 'Flea' Balzary, a los que en 1988 se les sumó el guitarrista John Frusciante y poco después el batería Chad Smith.

La formación clásica del cuarteto grabaron cuatro discos (*The Red Hot Chili Peppers* -1984-, *Freaky Styley* -1985-, *The Uplift Mofo Party Plan* -1987- y *Mother's Milk* -1988-) con los que definieron paulatinamente su estilo hasta llegar a su obra cumbre, *Blood Sugar Sex Magik* (1991), cuyo sonido y repertorio se mimetizan con la música popular de los años noventa.

Las consecuencias negativas del éxito masivo internacional obligó a Frusciante a dejar el grupo y ser substituido por Dave Navarro entre 1992 y 1998. A su regreso, el cuarteto publicó *Californication* (1999), del que se han vendido más de quince millones de copias. Comercialmente, *By the*

Way (2002) y *Stadium Arcadium* (2006) engrosarían las ventas de RHCP hasta los más de cien millones de discos distribuidos en todo el mundo, mientras que artísticamente han visto reconocida su contribución a la música moderna con la consecución de siete Grammys y su ingreso en el prestigioso Rock and Roll Hall of Fame.

En 2008, Frusciante volvería a abandonar RHCP, siendo entonces reemplazado por Josh Klinghoffer, guitarrista que participó en la grabación de *I'm With You*, publicado en 2011.

Sabbat

El ímpetu que arruinó una carrera

Banda de thrash metal originaria de Nottingham, Inglaterra, actualmente formada por Martin Walkyier (cantante), Gizz Butt (bajo), Simon Negus (batería), y Andy Sneap y Simon Jones (guitarras).

A lo largo de su carrera, que arrancó en 1986, Sabbat han publicado tres álbumes de estudio: el excelente *History of a Time to Come* (1988), con el que consiguieron el respeto tanto de la crítica como del público, y los posteriores *Dreamwaver (Reflections of Our Yesterdays)* (1989) y *Mourning Has Broken* (1991), que cualitativamente fueron en descenso.

Precisamente, poco después del tercer disco, las relaciones internas de la banda por cuestiones económicas culminaron en su separación.

A comienzos del sglo XXI se produjo un intento de reunión, abortada por el desinterés de Sneap, si bien en el mes de diciembre de 2006 Sabbat regresarían a los escenarios, ofreciendo cuatro actuaciones en Inglaterra. El quinteto continuaría cuatro años más en la carretera, participando en festivales de todo el mundo, si bien, finalmente, en 2010 Sabbat decidieron tirar la toalla.

Saint Vitus

Clásicos imbatibles

A pesar de que en la actualidad su nombre pase desapercibido entre el gran público, Saint Vitus es una de las bandas americanas más influyentes, siendo uno de los precursores del doom metal, junto a Witchfinder General, Pentagram y Trouble.

Formados en 1978 por Dave Chandler (guitarra), Mark Adams (bajo), Armando Acosta (batería) y Scott Reagers (cantante), es en 1980 cuando adoptan su nombre en homenaje a la canción del mismo título de Black Sabbath, *St. Vitus dance* (incuía en el álbum *Vol. 4* -1972-). Cuatro años después lograrían publicar su primer álbum, *Saint Vitus*, siendo su tercer trabajo, *Born too Late* (1986), en el que ya participa Scott Weinrich como vocalista, uno de los títulos cumbres del doom.

Mournful Cries (1988) y *V* (1990) los confirman como referentes, pero la marcha de Weinrich aboca a Saint Vitus a su declive, disolviéndose tras la publicación de *Die Healing* (1995).

Como muchas de las formaciones clásicas y relevantes, en 2003 Saint Vitus se embarcarían en su gira de reunión, siendo en 2008 cuando seproduce el retorno de Weinrich, lo que permitirá la realización de una gira a ambos lados del Atlántico.

A pesar del fallecimiento de Armando Acosta en 2010, Saint Vitus continúan en activo, con Henry Vasquez en la batería, habiendo publicado un nuevo disco, *Lillie: F-65*, en 2012, diecisiete años después de su anterior trabajo en estudio.

Joe Satriani

Surfeando con el maestro

Apodado 'Satch', Joe Satriani es uno de los más influyentes guitarristas de rock, habiendo sido maestro de otros instrumentistas de gran nivel como Steve Vai, Kirk Hammett, Larry LaLonde, Alex Skolnick o Marty Friedman. Influenciado por Jimi Hendrix y Allan Holdsworth, Satriani alcanzó reconocimiento mundial con su segundo trabajo, *Surfing With the Alien* (1987), considerado uno de los cinco mejores discos instrumentales del rock con la guitarria como protagonista.

De su trayectoria musical destaca su colaboración en 1994 con Deep Purple, substituyendo de urgencia a Ritchie Blackmore, y, en 1996, la formación de la denominada G3, gira que entonces compartió con Steve Vai y Eric Johnson.

Criticado por algunos por su excesiva sencillez compositiva, previsible y poco dada a los cambios armónicos, Satriani posee una técnica y una visión de estilos que lo dotan de un lirismo musical envidiable, de lo que buen ejemplo resultan sus álbumes *Flying in a Blue Dream* (1989) y *Time Machine* (1993).

Savatage

Expandiendo las fronteras progresivas

Los hermanos Criss y Jon Oliva formaron Savatage en 1983, una ecléctica banda de metal progresivo que ha enriquecido su repertorio con cadencias jazzísticas y sinfónicas.

Savatage iniciaron su carrera discográfica de forma independiente a través del sello californiano Par Records, originalmente dedicado al jazz, con el que editaron *Sirens* (1983) y *The Dungeons Are Calling* (1985), discos que suscitaron el interes del público hasta el punto de que, finalmente, Atlantic Records decidió ficharlos.

Power of the Night (1985) fue su primer álbum con esta multinacional, aunque no fue hasta 1987 cuando el grupo produjo su primer gran trabajo, *Hall of the Mountain King*, que abría un período de inspiración completado por los álbumes *Gutter Ballet* (1989), *Streets: A Rock Opera* (1991) y *Edge of Thorns* (1993). Entonces se produjo la triste pérdida de Criss Oliva, atropellado por un conductor ebrio el 17 de octubre de 1993, siendo reemplazado por Alex Skolnick, con motivo del álbum *Handful of Rain*, grabado prácticamente por Jon Oliva. Ya con Al Pitrelli, en 1995 Savatage publicaron *Dead Winter Dead*, un disco conceptual, del que fue éxito el single «Christmas Eve Sarajevo 12/24».

Lamentablemente, con la llegada del siglo XXI, y tras publicar en 2001 el álbum *Poets & Madmen*, a través del sello Nuclear Blast, Savatage se han mantenido apartados de una actividad intensa, lo que demuestra que su última serie de recitales fueron los llevados a cabo en 2010.

Saxon

Los sires del heavy

Aunque resultaron decisivos en el asentamiento de la New Wave Of British Heavy Metal, a partir de mediados de los años ochenta Saxon fueron cayendo en un inmerecido olvido del cual se han visto resarcidos por las nuevas generaciones de seguidores metálicos coincidiendo con el nuevo milenio.

Originalmente formados en 1976 bajo el nombre Son of a Bitch, Saxon vieron la luz oficialmente en 1978, fichando un año después por el sello francés Carrere Records, con el que publicaron *Saxon* (1979). En 1980 iniciaron su etapa más gloriosa con el álbum *Wheels of Steel*, uno de los discos más representativos de la NWOBHM y Disco de Oro en Gran Bretaña. Aquel mismo año, tras participar en la primera edición del Monsters of Rock, y apenas cinco meses después de *Wheels of Steel*, lanzaron *Strong Arm of the Law*, otro de los títulos fundamentales del metal clásico, al igual que el siguiente *Denim Leather* (1981).

Su primera gira por Estados Unidos, en 1983, coincidió con la publicación del primero de sus discos pensados para el mercado americano, *Power and the Glory*, que entró en la lista de éxitos de la revista *Billboard*, logro que precedió al de los siguientes *Crusader* (1984) e *Innocence Is No Excuse* (1985), apoyados por la cadena de televisión MTV.

A partir de mediados de los años ochenta, y dejando a un lado la obesión por triunfar en Estados Unidos, Saxon regresaron a sus raíces musicales con los discos *Solid Ball of Rock* (1991), *Forever Free* (1992) y *Unleash the Beast* (1997), *Metalhead* (1999). Tras dar solución judicial a la disputa por la propiedad de su nombre, resuelta a favor de Byford y Quinn, Saxon optaron por adaptar su sonido a los nuevos tiempos, grabando discos interesantes como *The Inner Sanctum* (2007), *Call to Arms* (2011) y *Sacrifice* (2013). Con más de tres décadas a sus espaldas, en la actualidad Saxon es uno de los nombres obligados en los carteles de festivales de metal de todo el mundo, como Wacken Open Air o Download, con una influencia reconocida por bandas como Metallica o Megadeth.

Michael Schenker

Genio, ingenio y figura

Nacido el 10 de enero de 1955 en Sarstedt, Michael Schenker es uno de los más populares guitarristas de hard rock y heavy metal, que inició su carrera musical a comienzos de los años setenta al ingresar en Scorpions, en los que militaba su hermano mayor Rudolf. Con el quinteto, el pequeño de los Schenker grabó *Lonesome Crow* (1972), pero al año siguiente el cantante de UFO, Phil Mogg, le ofreció la vacante de guitarrista, tras la marcha de Bernie Marsden.

Con Michael, UFO grabarían sus mejores álbumes (*Phenomenon*, *Force It*, *Lights Out*, *Obssession*), pero su talante rebelde obligó al alemán a abandonar a los británicos en el mes de noviembre de 1978. Tras un efímero retorno a Scorpions, para grabar el álbum *Lovedrive* (1979) y realizar algunos conciertos, Schenker formó su propia banda, con la que en los años ochenta publicó grandes álbumes, como *MSG* (1981) o el directo *One Night at Budokan* (1982).

Tras dos años alejado del negocio musical, en 1986, junto al cantante irlandés Robin McAuley, formaría el McAuley Schenker Group, de un sonido cercano al hard rock melódico y cuyos dos primeros trabajos, *Perfect Timing* (1987) y *Save Yourself* (1989), obtuvieron grandes ventas.

En la década siguiente, Michael colaboró con Ratt, con los que grabó el disco *MTV Unplugged*; participó en Contraband, junto a Tracii Guns, Share Pedersen, Robbin Crosby y Richard Black, y regresó a UFO para participar en el álbum *Walk on Water* (1995). A comienzos del siglo XXI, Schenker reformaría el Michael Schencker Group, grabando el álbum *Arachnophobiac* (2003), que lo mantuvo de gira dos años. Superados sus problemas con el alcohol, en los últimos años Schenker ha continuado girando y publicando discos en los que su gran talento como guitarrista ha quedado patente, caso de *Temple of Rock*, aparecido en 2011.

Scorpions

Hasta el último aliento

Además de ser la banda alemana más conocida internacionalmente, Scorpions son una de los más grandes nombres del metal clásico de todos los tiempos, responsable de algunos de los discos y canciones más atemporales del género.

Formados en Hannover, el quinteto inició su andadura discográfica en 1972 con el álbum *Lonesome Crow*, en el que participó Michael Schenker, aunque la salida de este al año siguiente permitió la entrada de Uli Jon Roth, con el que la banda dio forma a la primera etapa de su discografía, mediante los discos *Fly to the Rainbow* (1974), *In Trance* (1975), *Virgin Killer* (1976) y *Taken by Force* (1977), caracterizados por un hard rock personal y de calidad.

Tras la marcha de Roth, la entrada de Matthias Jabs encarriló a Scorpions hacia su máximo esplendor, capitalizado por un sonido comercial destinado al mercado americano, con discos ejemplares como *Lovedrive* (1979), *Blackout* (1982) y *Love at First* (1984).

Durante la década siguiente, y sin el batería Herman Rarebell ni el bajista Francis Bucholz, Scorpions presentaron álbumes de menor calado, como *Crazy World* (1990), *Face the Heat* (1993), *Pure Instinct* (1996) y *Eye II Eye*

(1999), disminuyendo paulatinamente el ritmo de su producción en la primera década del siglo XXI.

Finalmente, en 2010 Scorpions decidieron anunciar una gira de despedida, el 'Get Your Sting and Blackout World Tour', aprovechando la publicación de su último disco de estudio, *Sting in the Tail*, tras cuatro décadas de carrera y haber vendido más de 150 millones de discos.

Shadows Fall

Power para una generación

Quinteto de power metal formado en 1996 en Springfield, Estados Unidos, por los guitarristas Jonathan Donais y Matt Bachand, ambos provenientes de formaciones que practicaban estilos extremos, como death metal y metalcore. Tras las incorporaciones iniciales de Damien McPherson (cantante), Mark Laliberte (bajo) y Adam Dutkiewicz (batería), la banda publicó el EP *To Ashes* (1990).

No obstante, tras los previos *Somber Eyes to the Sky* (1997) y *Of One Blood* (2000), en 2002 aparecería el primer gran trabajo de Shadows Fall, *The Art of Balance*, con el que la banda alcanzó el número 15 en la lista de discos independientes de la revista *Billboard* y del que se extrajeron tres singles: «Thoughs without words», «Destroyer of senses» y «The idiot box», además de facilitarles su inclusión en el cartel del Ozzfest Tour de 2003. También exitoso resultó el siguiente *The War Within* (2004), número 20 en Estados Unidos, y del que el tema «What drives the weak» recibió una nominación al Grammy a la Mejor Interpretación de Metal de 2006.

Al margen de la repercusión mediática y comercial, de los posteriores trabajos de la banda hay que seleccionar *Threads of Life* (2007) y *Fire from the Sky* (2012), que los confirman como una de las bandas mainstream del momento.

Sick of it All

Estrellas underground

Cuarteto de punk metal de Nueva York, formado en 1986 por los hermanos Lou (cantante) y Peter Koller (guitarra), junto a Armand Majidi (batería) y Rich Cipriano (bajo).

Sick of it All fueron pioneros de la escenas hardcore norteamericana, poseyendo un estilo rápido y directo, al que sumaron unos textos altamente críticos.

En sus inicios fueron uno de los nombres habituales del CBGB y otros clubs del Lower East Side en los que se gestó la escena hardcore de la Gran Manzana, coincidiendo con bandas representativas como Agnostic Front, Cro-Mags o Gorilla Biscuits.

Blood, Sweat & No Tears (1989), su debut discográfico, es un disco indispensable para entender el punk/hardcore y que facilitó la estabilidad de la formación, a lo que contribuyó la entrada de Craig Setari en 1994 como bajista.

Aquel mismo año, Sick of it All serían uno de los flamantes fichajes del sello Atlantic Records, transicción que fue entendida por la comunidad hardcoriana como una 'vendetta'. No obstante, el debut con la multinacional fue el espléndido *Scratch the Surface* (1994), otro de sus trabajos más aclamados, que les llevó a girar durante dos años por Europa, Australia y Japón.

De nuevo bajo contrato con una discográfica independiente, Fat Wreck Chords, durante la primera década del siglo XXI Sick of it All publicarían algunos de sus mejores trabajos en estudio, que incluyen *Life on the Ropes* (2003), *Death to Tyrants* (2006) y *Based on a True Story* (2010).

Como muestra de la trascendencia de su repetorio, en 2007 se publicó el disco tributo *Our Impact Will Be Felt*, en el que grupos como Hatebreed, Napalm Death, Pennywise, Sepultura o Unearth reconocían la aportación de Sick of it All.

Sepultura

Heterodoxia musical

Baste decir que el nombre de esta banda brasileña se inspiró en el tema *Dancing on your grave* de los británicos Motörhead ('grave' significa 'sepultura'), para deducir que los postulados de Sepultura se entroncan en el heavy metal más contundente y de raíces.

No obstante, habrían de pasar cuatro años, dedicados a descubrir su esencia musical, hasta que el cuarteto entró en su fase de mayor inspiración, a la que corresponden los álbumes *Beneath the Remains* (1989), *Arise* (1991), *Chaos AD* (1993) y *Roots* (1996), obras culminantes del thrash metal, que incluyen, en el caso de *Roots*, una hábil introspección en el folclore musical de su país.

No obstante, su consagración como referente del metal mundial acarreó una disputa interna que acabó con la marcha de Max Cavalera, que inició una nueva etapa al frente de Soulfly. Por su lado, Sepultura ficharon a Derrick Green, con el que prosiguieron su evolución musical que ha dado cabida a ritmos hardcore y reminiscenias a la música tradicional oriental.

De este nuevo período destacan los discos *Roorback* (2003) y *Dante XXI* (2006), este último basado en *La Divina Comedia*, de Dante Alighieri,

y en el que se incluyen secciones de viento y cuerda, mientras que en el siguiente *A-LEX* (2008), inspirado en *La Naranja Mecánica*, de Anthony Burgess, incluyeron la pieza «Ludwig van», con elementos sinfónicos.

En el nuevo siglo, Sepultura han mantenido su compromiso musical con *Kairos* (2011) y *The Mediator Between Head and Hands Must Be the Heart* (2013), significando este último uno de los mejores títulos de su discografía.

Skid Row

Rotos por el ego

Considerados como una pretendida combinación de Bon Jovi, Aerosmith y Led Zeppelin, Skid Row fueron, a comienzos de los años noventa, uno de los grupos más importantes de glam metal, mérito en buena parte debido al hiperactivo cantante Sebastian Bach, pues hasta su llegada, previa al fichaje con Atlantic Records (conseguido por mediación de Jon Bon Jovi), el quinteto se había limitado a recorrer los clubs de la Costa Este de Estados Unidos. Para su primer disco, *Skid Row* (1989), la banda contó con la producción del reputado Michael Wagener (Ozzy Osbourne, White Lion, Extreme...) y de él se extrajeron los singles «18 and life», «I remember you» y «Youth gone wild». Igual de exitoso resultó el siguiente *Slave to the Grind* (1991), número 1 en Estados Unidos y pasaporte para que Skid Row saliesen de gira en 1991 con algunas de las bandas más importantes del momento, como Guns n' Roses, Faith No More y Metallica, además de participar en el festival Monsters of Rock de 1992, compartiendo cartel con Iron Maiden, Slayer y WASP.

Sin embargo, en 1995 su álbum *Subhuman Race* se vio perjudicado por el grunge y un año más tarde Bach sería despedido tras una discusión con el bajista Rachel Bolan. Con Johnny Solinger como nuevo vocalista, Skid Row continuaron su carrera publicando discos irregulares, mientras que, por su parte, Bach ha conformado una trayectoria más loable, con algunos discos destacables, como *Angel Down* (2007) o *Give 'Em Hell* (2014).

Slayer

Padres fundadores

Miembros del selecto club de The Big Four (junto a Anthrax, Megadeth y Metallica), Kerry King, Jeff Hanneman, Tom Araya y Dave Lombardo formaron Slayer en 1981. Padres fundadores de la escuela thrash metal norteamericana, en sus comienzos resultaron decisivos el apoyo de Brian Slagel, fundador de Metal Blade Records, y el del padre de King, que financió parte de la grabación del primer disco, *Show No Mercy* (1983).

Su segundo lanzamiento, *Hell Awaits* (1985), preparó el terreno para su obra maestra, *Reign in Blood* (1986), con Rick Rubin como productor y la distribución de Geffen Records, pues el sello Columbia se negó a distribuir el disco en base a su portada y a la temática de sus canciones.

Tras *South of Heaven* (1988), uno de los discos más vendidos de la banda (número 57 en Estados Unidos), y el excelente *Seasons in the Abyss* (1990), en 1992 Lombardo abandonó Slayer, siendo substituido por Paul Bostaph, que participó en *Divine Intervention* (1994, número 8 en Estados Unidos), inspirado en el nazi Reinhard Heydrich y el asesino Jeffrey Dahmer.

Desde mediados de los años noventa y durante la primera década del siglo XXI, Slayer publicarían una extensa serie de discos, motivo todos ellos de giras internacionales (entre 2002 y 2004 la banda ofreció 250 conciertos), contando de nuevo con Lombardo, aunque recientemente sin poder hacerlo con Hanneman, fallecido en abril de 2013 por una insuficiencia hepática. Su pérdida, no obstante, no frenó la actividad de Slayer, quienes a finales de aquel mismo año emprendieron una nueva gira por Sudamérica junto a Iron Maiden.

Slipknot

La mascarada fantástica

Formados en Iowa bajo el nombre original de The Pale Ones, Slipknot no tan sólo deben su éxito al uso de máscaras funestas, sino también a una meditada y exitosa propuesta musical. Así, desde su primer concierto, ofrecido el 4 de abril de 1996 (en el club Safari de Des Moines), y hasta la fecha, han presentado una oferta que combina una revisión propia del metal que incluye el uso de samplers.

Su llegada al negocio musical fue por la puerta grande, puesto que cuatro meses antes de publicar su primer disco, *Slipknot* (1999), participaron en el Ozzfest Festival. Precisamente su álbum de debut fue considerado por la revista *Q* en 2001 omo uno de los cincuenta discos más heavies de todos los tiempos, mientras que el siguiente, *Iowa* (2001), fue definido por *Rolling Stone* como «el primer gran álbum de la era nu metal», alcanzando el número 3 en Estados Unidos y el número 1 en Gran Bretaña. Incluso un medio tan conservador como la cadena de televisión británica BBC ha elogiado sus conciertos.

Los parabienes continuaron tras lanzar *Vol. 3: The Subliminal Verses* (2004, número 2 en Estados Unidos), producido por Rick Rubin, puesto que en 2006 el grupo recibía el Grammy a la Mejor Presentación de Metal por el tema «Before I forget». También exitoso sería *All Hope Is Gone* (2008), número 1 en Estados Unidos y del cual el tema «Dead memories» se hizo con el primer puesto de las listas de singles.

Pero la retahíla de éxitos se truncó con dos acontecimientos decisivos para la banda: el fallecimiento, en 2010, del bajista Paul Gray (a causa de una sobredosis de morfina) y la expulsión del batería Joey Jordison, bajas que han puesto contra las cuerdas la continuación de Slipknot.

Sodom

Rugidos esenciales

La versión europea de The Big Four (Anthrax, Metallica, Megadeth y Slayer) tuvo su epicentro en Alemania, siendo Kreator, Destruction, Tankard y

Sodom las formaciones encargadas de dar la respuesta sonora al cuarteto de padrinos del thrash americano.

Formados en 1981 en la ciudad minera de Gelsenkirchen e influenciados en sus comienzos por bandas como Iron Maiden, Judas Priest y Black Sabbath, discográficamente, Sodom son autores de obras tan esenciales para el thrash como *Persecution Mania* (1987, en cuya portada aparecía Knarrenheinz, la mascota del grupo) o *Agent Orange* (1989), uno de sus trabajos de mayor éxito comercial.

En cuanto a sus presentaciones en vivo, y tras más de tres décadas, Sodom se mantienen en activo en la actualidad gracias a la publicación de títulos de interés como *In War and Pieces* (2010) o *Epitome of Torture* (2013), lo que les lleva a participar en numerosos festivales como Hom Fest, Wacken Open Air o Kontrashte.

Soulfly

A la caza de nuevos sonidos

Grupo formado en 1997 por Max Cavalera (Massimiliano Antonio Cavalera, 4 de agosto de 1969, Belo Horizonte, Brasil) una vez expulsado de Sepultura y tras el efímero proyecto Nailbomb, de música inudstrial.

La discografia de Soulfly es prolífica, diez álbumes en doce años, girando en torno a un estilo agresivo y tribal en el que se vuelcan letras que tratan cuestiones políticas y sociales.

Destacan por su calidad *Soulfly* (1998), *Prophecy* (2004), *Dark Ages* (2005), *Omen* (2010) y *Savages* (2013), los cuatro clasificados en su momento en la lista de éxitos de la revista musical *Billboard*.

En su conjunto, el repertorio de Soulfly responde tanto a la inspiración de Cavalera como a las aportaciones de los músicos que han colaborado con él (Roy Mayorga, Marcelo Dias, Joe Nunez...), sin olvidar las colaboraciones especiales (Chino Moreno, Fred Durst, Dino Cazares, Tom Araya, Igor

Cavalera...), además de una evidente ansia por no estancarse musicalmente, aunque sin perder de vista la referencia groove/thrash y, según algunos, mantener a raya, en términos artísticos, su rivalidad con Sepultura.

Soundgarden

Desmarcándose de Cobain

Aunque formados en 1984, Soundgarden saltaron a la palestra musical internacional como referente del grunge, codeándose con las bandas punteras del género, es decir, Nirvana, Pearl Jam y Alice In Chains.

Aprovechándose de la inercia mediática y de fenómeno musical del grunge, Soundgarden, liderados por el talento inquieto de su cantante, Chris Cornell, publicaron discos de gran calidad, como el inicial *Ultramega OK* (1988) o su disco de retorno *King Animal* (2012), si bien resultan aún más meritorios *Badmotorfinger* (1991) y, especialmente, *Superunknown* (1994), número 1 en Estados Unidos y álbum que les brindó fama internacional gracias a temas como «The day I tried to live», «Fell on black days», «Spoonman» y «Black hole sun», los dos últimos ganadores, respectivamente, de los premios Grammy a la Mejor Interpretación de Metal y Mejor Interpretación de Hard Rock.

Disueltos en 1997 por diferencias personales y musicales, desde 2010 han vuelto a la escena musical, ofreciendo conciertos a ambos lados del Atlántico.

Stone Sour

Vidas paralelas (a Slipknot)

Proyecto paralelo del cantante Corey Taylor y el guitarrista James Root, miembros de Slipknot, la formación original de Stone Sour se remonta a 1992, antes de que la banda enmascarada iniciase su historia. No obstante, después de cinco años sin resultados artísticos y profesionales concretos y ante el éxito de Slipknot, en 1997 Stone Sour dejaron de funcionar hasta que en 2002 Taylor y Root volvieron a contactar con sus viejos camaradas Josh Rand y Sean Economaki para dar continuidad a la banda, compaginando la actividad de ésta con la de Slipknot.

El regreso se vio favorecido por el hecho de que la canción *Bother* se incluyese en la banda sonora de la película *Spider Man*, al tiempo que Stone Sour preparaban su disco de debut, *Stone Sour* (2002), con el que abrieron una interesante discografía de metal alternativo, la cual incluye un ambicioso proyecto, los álbumes *The House of Gold & Bones, part 1* (2012) y *The House of Gold & Bones, part 2* (2013), que el propio Corey Taylor describió como una mezcla de *The Wall*, de Pink Floyd, y *Dirt*, de Alice In Chains.

Stone Temple Pilots

Gloria empañada

Formados en Los Angeles en 1992, Stone Temple Pilots son una de las bandas estadounidenses de rock alternativo de mayor éxito en las últimas décadas, con más de cuarenta millones de discos vendidos en todo el mundo.

Sus principales valedores son los hermanos Robert y Dean DeLeo y el cantante Scott Weiland, cuyo talento, en ocasiones puesto en duda por algunos críticos, ha dado lugar a temas clásicos como «Plush», «Sex type thing» o «Interstate love song», así como a una discografía que se desentiende de las tendencias y de la que destacan títulos como *Purple* (1994) o *Tiny Music, Songs from the Vatican Gift Shop* (1996).

Precisamente los problemas de Weiland con las drogas, que implicaron juicios, prisión y la suspensión de giras y conciertos, se sobrellevaron hasta que a finales de 2002 el cantante y Dean DeLeo se pelearon sobre el escenario, incidente que forzó la ruptura de Stone Temple Pilots.

Sin embargo, y tras un tiempo como miembro de Velvet Revolver, en 2008 Weiland confirmaría la reunión de STP, lo que en 2010 se tradujo en el lanzamiento del álbum *Stone Temple Pilots*. Desde entonces, y a pesar de los constantes rumores y la suspensión ocasional de algunas actuaciones, el cuarteto continúa en activo.

Stratovarius

La fusión finlandesa

Formados en 1984 en Helsinki, Finlandia, Stratovarius es uno de las muestras de metal progresivo, con reminiscencias de power metal sobre las que se sostienen las melodías del cantante Timo Kotipelto. El propio nombre del grupo da una pista de los parámetros por los que se mueve el quinteto, puesto que es el resultado de la fusión de Stradivarius, la excelsa firma de violines, en referencia a los patrones musicales clásicos, y Stratocaster, el legendario modelo de guitarra eléctrica.

Aunque su primer álbum, *Fright Night*, apareció en 1989, no sería hasta 1994 cuando el grupo logró captar la atención de la critica gracias a su tercer trabajo, *Dreamspace*, seguido, un años después, de otro gran álbum, *Fourth Dimension*. Ambos títulos, obra del talento del guitarrista Timo Tolkki (en la banda hasta 2008, siendo subtituido entonces por Matias Kupiainen), representan la cúspide de la discografía de Stratovarius, aunque también hay que destacar *Visions* (1997) y *Polaris* (2009), en los que la aportación del teclista Jens Johansson resulta imprescindible.

Stryper

La fe que creó un estilo

Entre los muchos estilos de los que se nutre el heavy metal está la variante denominada 'white metal' (metal blanco), que no es otra que la que aglutina a bandas que en sus textos difunden, por convicción o por oportunismo, una identidad religiosa. De entre todas ellas sobresalen los californianos Stryper, formados en 1983, por los hermanos Michael (voz, teclados y guitarra) y Robert Sweet (batería), Tim Gaines (bajo) y Oz Fox (guitarra), autores de un glam metal comercial y elaborado.

El epicentro de su discografía se encuentra en sus cuatro primeros álbumes, *The Yellow And Black Attack* (1984), *Soldiers Under Command* (1985), *To Hell With The Devil* (1986) e *In God We Trust* (1988), siendo estos dos últimos los que recibieron una gran atención mediática.

La marcha de Michael Sweet en 1992 provocó la separación del resto de miembros poco después, hasta que en 2004 volvieron a reunirse, adecuando sus nuevas composiciones a las nuevas tendencias. De esta manera surgió *Reborn* (2005) que marca una nueva evolución musical del grupo, mantenida con los siguientes *Murder by Pride* (2009), *The Covering* (2011) y *No More Hell to Pay* (2013).

Suicidal Tendencies

Eclecticismo extremo

La propuesta musical de los angelinos Suicidal Tendencies resulta, en su conjunto, de un eclecticismo que abarca desde el hardcore al punk metal, por lo que dentro de los cánones del metal resulta poco frecuente y, por tanto, interesante.

Además, en términos comerciales, ha sido exitosa desde sus inicios, puesto que su disco de debut, el soberbio *Suicidal Tendencies* (1983), fue uno de los más vendidos de la escena underground. De él se extrajo el single *Institutionalized*, uno de los primeros temas hardcore punk en aparecer en la MTV. Pero tras dos primeros discos de punk rock, con su tercer trabajo, el también fundamental *How Will I Laugh Tomorrow When I Can't Even Smile Today?* (1988), Suicidal Tendencies se acercaron al thrash, consiguiendo el mejor título de su catálogo, en el que destacaba, al igual que en el siguiente *Controlled by Hatred/Feel Like Shit... Déjà Vu* (1989), el particular estilo de Mike Muir como cantante.

Consolidando su prestigio con *Lights...Camera...Revolution!* (1990), Suicidal Tendencies entraron en declive, aún manteniéndose en activo en años sucesivos, siendo en la actualidad una de las referencias más sólidas tanto por su directo como por la facturación de discos que los devuelven a la primera línea del metal alternativo, caso del reciente *13* (2013).

Symphony X

La sinfonía más perfecta

Banda de metal progresivo fundada en 1994 por el guitarrista Michael Romeo, Symphony X han aportado al género discos tan esenciales como *The Divine Wings of Tragedy* (1997) o *V: The New Mythology Suite* (2000), de inspirada visión musical.

Aunque originarios de New Jersey, Symphony X han logrado una base sólida de seguidores en Europa y Japón, gracias a fundamentar su identidad en una envidiable técnica instrumental que gira en torno a la guitarra de Romeo, los teclados de Michael Pinnella y la milimétrica sección rítmica, formada por el batería Jason Rullo y el bajista Mike Lepond.

En cuanto a estilo, a Symphony X se los suele comparar con los neoyorquinos Dream Theater, con los que a lo largo de su carrera han coincidido en varias ocasiones, como en 2005, en la primera edición del festival Gigantour (organizado por Dave Mustaine, de Megadeth), o en otoño 2007, en una gira conjunta por Europa en la que presentaron su obra cumbre, *Paradise Lost*, disco conceptual basado en el mito de la Atlántida.

System of a Down

Metal armenio

Aun contando con una breve discografía, tan sólo cinco álbumes en dieciséis años, System of A Down, guiados por Daran Malakian y Serj Tankian, son una de las pocas bandas que a lo largo de su carrera han conseguido el éxito comercial y el beneplácito de la crítica. De entre sus trabajos destaca *Toxicity* (2001), número 1 en Estados Unidos y Canadá y considerado por la revista *Rolling Stone* como uno de los mejores discos de la primera década del siglo XXI. A él pertenece el tema «Chop suey!», nominado a los premios Grammy (en 2006 SOAD ganarían el Grammy a la Mejor Interpretación Hard Rock por el tema *B.Y.O.B*).

Sus discos de 2005, *Mezmerize* y *Hypnotize*, debutaron en el primer puesto de las listas de éxitos de Estados Unidos, convirtiéndoles, junto a Beatles, Guns N' Roses y el rapero DMX, en los únicos artistas en colocar en el número 1 dos álbumes de estudio el mismo año.

System of A Down han compartido escenario con algunas de las grandes figuras del metal, como Slayer, Metallica, Ozzy Osbourne, Deftones o Fear Factory, mostrando abiertamente su talante político, lo que en su momento les llevó a proclamar su rechazo a la Guerra de Irak.

Tras casi cinco años de inactividad, SOAD regresarían al negocio musical en 2010, actuando desde entonces con regularidad por todo el mundo.

Tankard

Thrash toda la noche y cerveza cada día

Los autoproclamados 'Kings of Beer' (Reyes de la Cerveza, en alusión a Manowar, autoproclamados 'Kings of Metal'), son uno de los cuatro integrantes de los denominados 'Grandes del thrash metal alemán', junto a Kreator, Sodom y Destruction.

Formados en 1982 en Frankfurt por el cantante Andreas Geremia, los guitarristas Axel Katzmann y Bernhard Rapprich, el bajista Frank Thorwart y el batería Adiel Godzic, su desenfadada propuesta de alcohol, inconformismo y speed/thrash metal hizo que en 1988 el magazine alemán *Stern* los describiese como un «tren descarrilado cargado con jarras de cerveza».

Excepcionalmente pródigos en directo durante los años ochenta y noventa, Tankard son una banda tremendamente valorada por los seguidores del metal, quizás por que siempre han sido una alternativa fresca y menos 'atormentada' que el resto de formaciones de thrash teutonas. De ahí la buena acogida de álbumes como *Stone Cold Sober* (1993), *Two Faced* (1995), *Beast of Bourbon* (2004), *Thirst* (2008) o *A Girl Called Cerveza* (2012), a pesar de que no sean motivo de interés para muchos sesudos analistas musicales.

Tesla

Segundos de lujo

Quinteto de Sacramento, California, Tesla son una de las bandas de mayor prestigio en la escena del rock duro, con una discografía impecable y dotada de una coherencia poco habitual, que estilísticamente los aproxima a la vieja escuela de hard rock británico.

Las mejores muestras de su discografía se encuentran entre sus primeros trabajos, *Mechanical Resonance* (1986), *The Great Radio Controversy* (1989), *Five Man Acoustical Jam* (1990) y *Psychotic Supper* (1991), puesto que los discos publicados con posterioridad, aunque interesantes, son o bien testimonio de su hacer en directo (*Replugged Live* -2001-, *Alive in Europe* -2009-) o bien homenajes a sus influencias musicales (los dos volúmenes *Real to Reel*

-2007-). Tras tres décadas de actividad, cuyo último capítulo lo conforma el álbum *Simplicity* (2014), Tesla han disfrutado de las mieles del éxito, con varios temas clasificados en el Top 100 americano («Love song», «Signs», «Modern day cowboy», «What you give», «Mama's fool»...) y constantes actuaciones en Estados Unidos y Europa.

Testament

Thrash metal desde Berkeley

Formados en 1982, Testament son una de las primeras y principales bandas de thrash metal gracias a sus dos primeros álbumes, *The Legacy* (1987) y *The New Order* (1988), auténticos iconos del género por su estilo conciso y una calidad técnica que de inmediato les llevaron a ser comparados con Metallica.

Con su tercer trabajo, *Practice What You Preach* (1989), el quinteto obtuvo una gran repercusión mediática, entró en el Top 100 estadounidense, si bien artísticamente resultó inferior a sus predecesores. Uno de los momentos cumbres en la carrera de Testament fue su participación en el 'Clash Of The Titans Tour', junto a Slayer, Megadeth y Anthrax, en una época marcada por el grunge y en la que sus miembros, Skolnick, Alvelais, Tempesta y Bostaph, aprovecharon para encarar otros proyectos musicales.

Testament recuperarían la atención de sus seguidores en 1999, con la publicación del disco *The Gathering*, una hábil combinación de death, thrash y black metal. Dos años después, en agosto de 2001, se produjo la reunión de los miembros originales de la banda, aunque no sería hasta 2008 cuando el grupo reemprendería su discografía con el álbum *The Formation of Damnation* (el primero en estudio después de nueve años y el primero con Skolnick desde *The Ritual* -1992-), al que seguirían *Dark Roots of Earth* (2012) y *Dark Roots of Thrash* (2013), trabajos que les devolvían a la categoría de grandes nombres del metal extremo.

Therion

La fastuosa propuesta death

Imprescindible banda del death metal escandinavo, Therion han logrado presentar a lo largo de sus más de dos décadas de trayectoria algunos de los títulos más interesantes del estilo.

Tras su debut con *Of Darkness* (1991), que recuerda a Celtic Frost, y el posterior *Beyond Sanctorum* (1992), en 1993 llegaría *Symphony Masses: Ho Drakon Ho Megas*, disco que introduce un cambio en el rumbo musical de la banda, confirmado y mejor definido en *Lepaca Kliffoth* (1995), en el que el death da paso a un tono más progresivo. *Theli*, aparecido en 1997, reportaría el reconocimiento internacional gracias a la fastuosa incorporación de sopranos, barítonos y arreglos orquestales.

Con *Vovin* (1998), Christofer Jhonson cede el protagonismo vocal a Martina Hornbacher y Sarah Jezebel, dando paso, con la llegada del nuevo milenio, a tres obras fundamentales: *Secrets Of The Runes* (2001), *Sirius B* (2004) y *Lemuria* (2004). De estos, los dos últimos requirieron en su grabación la participación de más de un centenar de músicos, entre los que se contaron los miembros de la la Orquesta Filarmónica de Praga, hallando su continuidad temática en el doble *Gothic Kabbalah* (2007), álbum conceptual dedicado al místico Johannes Bureus, creador de la Cábala Rúnica. En los últimos años, Therion han producido discos igualmente destacables, como *The Miskolc Experience* (2009), *Sitra Ahra* (2010) y, especialmente, *Les Fleurs du Mal* (2012), abocados estilísticamente al denominado metal neoclásico.

Thin Lizzy

Lynott no murió...

Histórica banda de hard rock, formada en Dublín en 1969, cuya trayectoria giró en torno al talento y personalidad del bajista, cantante y compositor Phil Lynott.

Tras unos comienzos humildes, ventas escasas y actuaciones por pequeños locales, en 1972 Thin Lizzy se unen a la gira de Slade por Europa lo que su discográfica, Decca, aprovechó para publicar el sencillo «Whiskey in the jar», una canción tradicional que logran situar en el puesto número 6 de las listas de éxitos inglesas.

A partir de ese momento, los brillantes textos de Lynott y las guitarras de Brian Robertson y Scott Gorham darían lugar a una serie de discos clásicos, como *Jailbreak* (1976), que contiene «The boys are back in town»; *Johnny the Fox* (1976), *Bad Reputation* (1977) y *Black Rose* (1979), que convierten a Thin Lizzy en una de las bandas más importantes de la época, aunque el cambio de década hizo que la banda perdiera fuelle comercial, conminándolos a una gira de despedida, que duró casi un año (el último concierto lo ofrecieron el 4 de septiembre de 1983 en el Monsters of Rock celebrado en Nüremberg) y que quedó recogida en el doble álbum en directo *Life Live* (1983).

Lamentablemente, y cuando se disponía a encarar su carrera en solitario, el 4 de enero de 1986, Lynott, cuyo talento como letrista y compositor le han llevado a ser comparado con genios como Dylan, Patti Smith, Jim Morrison o Bruce Sprignsteen, moría a causa de una sobredosis de heroína.

Tool

Juegos mentales

Tool son una de las propuestas más significativas del metal alternativo de la década de los noventa, con una discografía breve, pero de gran inspiración y calado, surtida tanto de complejos pasajes instrumentales (que pivotan en la guitarra de Adam Jones, el particular estilo de Justin Chacellor al bajo y los ritmos complejos de Danny Carey), como de letras que ahondan en la religión, el sexo y el misticismo. De hecho, los textos que interpreta Maynard James Keenan son escudriñados por sus seguidores, de los cuales, los más acérrimos forman parte de la denominada Toolarmy.

De sus ejemplares cuatro discos, en los que se detectan la influencia de bandas clásicas del rock progresivo como King Crimson, Rush o Pink Floyd, destaca el álbum *Aenima* (1996), número 2 en Estados Unidos y premio Grammy a la Mejor Interpretación de Metal, si bien comercialmente sus otros tres trabajos (*Undertow* -1993-, *Lateralus* -2001- y *10.000 Days* -2006-) han sido número 1 en su país, colocando varios temas en las listas de éxitos

(*Stinkfist*, *Schism*, *Vicarious*, *The pot*...), que contrasta con el rechazo del grupo respecto a la industria discográfica.

Triumph

Una banda con identidad

Canadá es un pequeño aunque exquisito filón para el rock. Pocas han sido las formaciones que han traspasado sus fronteras, pero las que lo han hecho han sido capaces de captar la atención del público internacional: Rush, Saga, Heart, Loverboy, Triumph...

Curiosamente, y aunque su reconocomiento mundial lo fue como banda de heavy metal, los miembros de estos últimos se han mostrado siempre reacios a aceptar este estilo como propio, prefiriendo describirse como una mezcla entre los Who y Emerson, Lake & Palmer. En la práctica, su defensa por un estilo personal les valió la agria definición de la revista *Rolling Stone* de ser «una banda sin identidad» (de hecho, en 1982 la publicación despreció el disco *Never Surrender*, dándole tan sólo una estrella de cinco).

No obstante, Triumph lograrían el éxito en Estados Unidos tras el lanzamiento de su tercer álbum, *Just A Game* (1979), el primero de sus grandes trabajos, junto a *Progressions of Power* (1980), *Allied Forces* (1981) y *Surveillance* (1987). Sin embargo, la gira correspondiente a este último disco sería la última del guitarrista Rik Emmett. Gil Moore y Mike Levine ficharon en 1992 a Xenidis Phil, con el que grabaron *Edge of Excess*, pero la disolución del sello Victory Records provocaría a su vez la separación de la banda.

En 2007, Triumph ingresaron en el Salón de la Fama de la Música de Canadá y, finalmente, en el mes de junio de 2008, se reunieron para actuar en el Festival de Rock de Suecia, fecha a la que un año después dio paso a una gira mundial y la actual actividad de los canadienses.

Trivium

Los recién llegados

Una de las formaciones norteamericanas más interesantes surgidas en los últimos años, Trivium poseen un repertorio que ha recorrido desde el metalcore de sus dos primeros discos, *Ember to Inferno* (2003) y *Ascendancy* (2005), pasando luego por el thrash metal de *The Crusade* (2006) y *Shogun* (2008), para en los últimos tiempos haber encontrado su propia identidad mediante *In Waves* (2011) y *Vengeance Falls* (2013), en los que han practicado lo que algunos han venido a describir como 'neothrash'.

Alabados por revistas musicales como *Metal Hammer*, *Kerrang!* o *Rolling Stone*, las cuales también han reconocido el personal estilo como cantante de Matt Heafy, la experiencia de Trivium sobre el escenario es, además, extensa, habiendo compartido cartel con bandas como Iced Earth, Fear Factory, Korn, Iron Maiden o Metallica.

Twisted Sister

Los hombres de hierro

Formados en el mes de diciembre de 1972 en Long Island, Twisted Sister, los «Hombres de Hierro del rock'n'roll», comenzaron realmente su singladura en 1976, con la incorporación del cantante Dee Snider, a la postre principal autor de las canciones y conductor del grupo hacia las cadencias del hard rock bajo una estética glam.

La discografía de Twsited Sister se inicia con la autofinanciación de los singles «I'll never grow up now» y «Bad boys (of rock & roll)», producidos en 1979 y 1980 por el legendario Eddie Kramer. Después, habrían de pasar dos años más hasta que, en 1982, apareciese su álbum de debut, *Under The Blade* (producido por Pete Way, de UFO), que paradójicamente los lanzó desde Gran Bretaña al éxito internacional, en el que se asentaron con los siguientes *You Can't Stop Rock'n'Roll* (1983), *Stay Hungry* (1984) y, en menor medida, *Come Out and Play* (1985). A partir de este último Twisted Sister perdieron impulso, llegando a su separación en 1988.

Con el nuevo milenio, Snider y los suyos volvieron a reunirse, ofreciendo en principio algunas actuaciones esporádicas, como el concierto benéfico celebrado en el mes de noviembre de 2001 para la Fundación de Viudas y Huérfanos de los departamentos de bomberos y polícias de Nueva York de los atendados del 11 de septiembre, o el Sweden Rock Festival de 2003, aunque, finalmente, en 2004 regresaron con una revisión íntegra de su álbum *Stay Hungry* y, ya en 2008, embarcarse en una nueva gira mundial en toda regla.

UFO

Eternos e imperecederos

Con unos orígenes que se remontan a 1969, UFO es una de las bandas más emblemáticas y longevas del hard rock, con una trayectoria que incluye momentos de éxito y prestigio con otros de olvido por parte de la prensa especializada y el gran público.

Tras unos primeros trabajos marcados por la psicodelia y el space rock, la entrada del guitarrista alemán Michael Schenker en 1973, en substitución de Bernie Marsden (después en la primera alineación de Whitesnake),

les llevó a lanzar entre 1974 y 1979 lo mejor de su discografía: *Phenomenon* (1974), *Force It* (1975), *No Heavy Petting* (1976), *Lights Out* (1977), *Obsession* (1978) y el directo *Stranger in the Night* (1979). Títulos clásicos del rock duro y vademecum de las nuevas generaciones de músicos, pero tras los cuales, y sin Schenker, UFO irían a la deriva, debido a un innecesario cambio de estilo (*No Place to Run* -1980-, aunque producido por George Martin, productor de los Beatles, defraudó a los seguidores del grupo), los problemas con las drogas y el alcohol y el choque de egos (a mediados de los años noventa, y tras algunos conciertos, Mogg y Schenker truncaron la continuidad de la formación clásica).

A pesar de todo, Phil Mogg y Pete Way mantuvieron en vida a la banda, llegando a fichar al guitarrista Vinnie Moore y al batería Jason Bonham (hijo del fallecido John Bonham, de Led Zeppelin). Lamentablemente, en 2006 a Way se le diagnosticó una afección al hígado que le obligó a apartarse de los escenarios, aunque UFO continúan aún en activo de la mano de Phil Mogg.

Unearth

Aprendices aventajados

Banda de metalcore originaria de Winthrop, Estados Unidos, formada en 1998 por Trevor Phipps, Buz McGrath, Ken Susi, Mike Rudberg y Chris Rybicki. En mayo de 1999 Unearth lanzaron su primera producción, el EP *Above the Fall of Man*, firmando poco después con el sello Eulogy Recordings, con el que publicaron su primer larga duración, el espléndido *The Stings of Conscience* (2001).

Además de participar en festivales como Ozzfest, Loud Park Fest, Download o New England Metal & Hardcore, así como en las giras 'Sanctity of Brothers Tour' y 'Christ Illusion Tour', Unearth han compartido escenario con una larga y ecléctica lista de bandas, como Killswitch Engage, Shadows Fall, Lamb of God, Slipknot, GWAR u All That Remains. Habiendo reconocido que sus mayores influencias son bandas clásicas como Slayer, Metallica, Anthrax, Testament y Iron Maiden, así como otras más recientes como At The Gates o In Flames, en su conjunto, la discografía de Unearth, auténticos nómadas de los escenarios, son un buen ejemplo de metalcore, estilo al que añaden ciertos ecos del death metal europeo, influencias que han dado lugar a discos ejemplares como *III: In the Eyes of Fire* (2006) o *The March* (2008).

Uriah Heep

La importancia de la retaguardia

De la unión en 1969 del cantante David Byron y el guitarrista Mick Box surgió Uriah Heep, quienes en sus comienzos se decantaron por el rock progresivo para una vez en 1972 convertirse en pioneros del heavy rock gracias al álbum *Demons and Wizards*, trabajo conceptual que incluía el éxito «Easy livin'».

En su consolidación musical resultó fundamental el teclista Ken Hensley, principal autor de la mayoría de los temas de la mejor etapa de los Heep, la cual incluye los discos *The Magician's Birthday* (1973), *Sweet Freedom* (1973), *Wonderworld* (1974) y *Return To Fantasy* (1975). Después, Byron sería despedido y tras un lustro en el que Uriah Heep se decantaron por un sonido más comercial y de cuestionables resultados artísticos, en 1981 fue Hensley quien dejó al grupo en mitad de la gira del álbum *Conquest* (1980).

Aún con sólo Mick Box como miembro original en activo, Uriah Heep lograron en 1982 publicar otro de sus grandes trabajos, *Abominog*, que los conectaba a la NWOBHM. Con el logro en su haber de ser la primera banda occidental de rock en actuar en la Unión Soviética (con varios conciertos en el Estadio Olímpico de Moscú, ante un total de 180.000 personas), los Heep se convertirían en una institución, al margen de la calidad de sus lanzamientos discográficos, de los que, entre los más recientes, caben destacar *Future Echoes of the Past* (2001) e *Into the Wild* (2011).

Steve Vai

Pulsando las notas imposibles

El neoyorquino Steve Vai es uno de los más inspirados guitarristas del rock, dotado de un estilo propio y fácilmente reconocible, así como de una técnica igualada por muy pocos. Aunque fue de Joe Satriani, otro héroe de las seis cuerdas, de quien recibió algunas clases del instrumento, su talento fue rápidamente reconocido por otro genio de la música moderna, Frank Zappa, del que se ganó el respeto tras transcribir fragmentos de guitarra de algunos de sus temas más complejos, toda una proeza considerando el estilo iconoclasta del malogrado artista. De esta manera, Vai se ganó un puesto en la banda de Zappa, hasta que a comienzos de los años ochenta grabó su primer álbum en solitario, *Flex-Able* (1984), y entró en Alcatrazz, substituyendo a Yngwie J. Malmsteen, con los que grabó el espléndido *Disturbing the Peace* (1985). Al año siguiente se uniría a la banda de David Lee Roth, coincidiendo con el brillante bajista Billy Sheehan y participando en la grabación de los álbumes *Eat' em and Smile* (1986) y *Skyscraper* (1988). Finalmente, como músico por cuenta ajena, Vai formó parte de Whitesnake, con los que grabó *Slip of the Tongue* (1989).

A partir de entonces, Vai se ha dedicado exclusivamente a su carrera en solitario, produciendo títulos imprescindibles para los amantes de las seis cuerdas, como *Passion and Warfare* (1990), *Fire Garden* (1996), *The Ultra Zone* (1999) o *Real Illusions: Reflections* (2005).

Su trayectoria ha sido reconocida con un premio Grammy, por su solo en *Sofa*, tema incluido en el disco homenaje a Zappa, *Zappa's Universe*, y otros dos más, en 2001 y 2008, por sus propias interpretaciones.

Van Halen

Decibelios perfectos

Tras varios años actuando en locales de California, en 1978 el grupo de los hermanos Eddie y Alex Van Halen saltaron a la fama gracias a su primer disco, *Van Halen*, que contenía la piedra angular para las siguientes generaciones de guitarristas de todo el mundo, la instrumental «Eruption», un soberbio e inspriado *tour de force* de Eddie que lo convertió, gracias a la entonces novedosa técnica del 'tapping', en un revolucionario de la guitarra a la misma altura que Jimi Hendrix.

Otro de los puntos fuertes en los comienzos de Van Halen fue David Lee Roth, uno de los más grandes *frontman* del rock de todos los tiempos, cuyo puesto al frente del cuarteto coincidió con la publicación de los mejores trabajos discográficos del grupo: el citado *Van Halen*, *Van Halen II* (1979), *Women and Children First* (1980), *Fair Warning* (1981), *Diver Down* (1982) y *1984* (1984).

Después, la rutina y el hartazgo llevó a Roth a iniciar una carrera en solitario espectacular en sus comienzos, acompañado de Steve Vai y Billy Sheehan, al tiempo que Van Halen continuaban con Sammy Hagar como cantante. Aún sin poseer el carisma de Roth, con Hagar Van Halen publicaron

algunos buenos discos, como *5150* (1986) y *OU812* (1988), resultando, aun así, una etapa mucho más brillante que la que tuvieron con Gary Cherone, antes y después en Extreme, como vocalista.

Rencores a un lado, la formación original de Van Halen, aunque sin el bueno de Michael Anthony, substituido por el hijo de Eddie, Wolfgang, publicaría en 2012 un nuevo álbum, *A Different Kind of Truth*, que satisfacía sobradamente la añoranza de los fans de la banda.

Venom

Los humildes orfebres del metal

La localidad inglesa de Newcastle-upon-Tyne tiene el honor de haber concebido uno de los grandes estilos del heavy metal, el black metal, mediante la fórmula magistral ideada por Venom, formados por Conrad 'Cronos' Lant, Jeff 'Mantas' Dunn y Tony 'Abaddon' Bray, y plasmada en sus dos primeras grabaciones, *Welcome to Hell* (1981) y, especialmente, *Black Metal* (1982). Sin embargo, el hecho de que su propuesta fuese excesivamente extrema para su época, el declive de inspiración en el que se sumió la banda tras su tercer disco, *At War with Satan* (1983), y las posteriores marchas de Mantas y Cronos, sumieron a Venom en el olvido y a su forzosa separación en 1993.

No obstante, dos años después, Cronos se reunió con Mantas y Abaddon y en 1996 encabezaron el festival Dynamo Open Air, actuando ante 90.000 personas.

Ya en los últimos años, sin Abaddon y Mantas y bajo la batuta en exclusiva de Cronos, Venom han continuado su actividad discogràfica con trabajos irregulares, de entre los cuales, no obstante, destaca *Resurrection* (2000).

Voivod

El estruendo quebequés

Otra de las escasa, pero apreciables, aportaciones de Canadá al rock es el cuarteto de thrash metal Voivod, quienes desde su formación, en 1982, han producido una atractiva discografía que, si bien ya contaba con algunos buenos títulos (*Killing Technology* -1987- y *Dimension Hatröss* -1988-), despegó a nivel internacional con su quinto álbum, *Nothingface* (1989), el primero en colarse en las listas de éxitos de Estados Unidos y que incluía una versión de «Astronomy domine», perteneciente a *The Piper at the Gates of Dawn*, de Pink Floyd (en 1993 incluirían «The Nile song», también de Pink Floyd, en *The Outer Limits*).

A pesar de los cambios en su alineación, Voivod han continuado publicando grandes discos (*Voivod* -2003-, *Infini* -2009- o *Target Earth* -2013-), del que cabe citar *Katorz*, publicado en 2006 y en el que recuperaban composiciones que el guitarrista Denis D'Amour dejó grabadas antes de su muerte en el mes de agosto de 2005.

WASP

El escándalo como expresión

Percibidos en Estados Unidos como una formación de shock rock, WASP, cuya *alma mater* es el guitarrista, cantante y compositor Blackie Lawless, entraron con fuerza en la escena metálica en 1984, cuando la banda lanzó un álbum homónimo cuyo alcance comercial fue mayor que el de su propuesta musical. De hecho, su primer sencillo llevaba por título «Animal (fuck like a beast)» y no fue incluido en el álbum tras ser rechazado por los principales distribuidores.

El éxito entre el público iría en aumento con los siguientes *The Last Command* (1985) e *Inside the Electric Circus* (1986), promocionados a ambos lados del Atlántico con conciertos junto a Kiss y Iron Maiden, al mismo tiempo que WASP se convertían en uno de los objetivos de la PMRC, asociación republicana que a mediados de los años ochenta inició una cruzada moral en Estados Unidos. Finalmente, en 1988, Lawless logró el beneplácito de la crítica especializada con *The Headless Children*, disco conceptual que incluía una versión de «The real me», de los Who. Con el siguiente *The Crimson Idol* (1992), el grupo repitió la pauta de 'disco conceptual', aunque con menos acierto.

El grunge, y al igual que muchas otras formaciones de metal, hizo que WASP viviesen algunos años postergados en un segundo plano, del que saldrían con la llegada del nuevo milenio y el revivial por el heavy metal. Coincidiendo con esta nueva fase, Lawless y los suyos publicaron algunos nuevos buenos álbumes, como *Dying for the World* (2002) y *Babylon* (2009), en los que han recuperado el potente sonido de sus orígenes.

White Zombie

Serie Z

Banda neoyorquina de metal alternativo formada en 1985 por el cantante Rob Zombie y la bajista Sean Yseult, con una breve aunque indiscutiblemente interesante y exitosa discografía.

De hecho, su imaginería underground y su peculiar estilo, que iría, en términos generales, del noise rock al heavy metal, no impidieron que tres de sus álbumes, *La Sexorcisto: Devil Music Vol. 1* (1992), *Astro Creep: 2000* (1995) y *Supersexy Swingin Sounds* (1996), se colasen en el Top 30 estadounidense.

En 1998 White Zombie se disolvieron, dando paso a la carrera en solitario de Rob, que además de la musical (*Hellbilly DeLuxe*, *Educated Horses*...), incluye trabajos como director cinematográfico (*House of 1000 Corpses*, *The Lords of Salem*...) y la de Yseult, en Rock City Morgue y Star & Dagger.

Whitesnake

El ataque de la serpiente

Tras su paso por los legendarios Deep Purple y publicar dos álbumes en solitario, en 1978 David Coverdale encaró el gran proyecto de su carrera musical, Whitesnake, acompañado del guitarrista Micky Moody. Manteniéndose fiel al blues, Coverdale lograría conformar de inmediato una

banda de hard rock de primera fila, que cuenta con dos etapas musicalmente bien diferenciadas.

La primera comprende una serie de discos orientados al rock clásico, desarrollada entre 1978 y 1984, y de la que destacan títulos como *Ready an' Willing* (1980) *Saints and Sinners* (1982) o *Slide it In* (1984); la segunda comenzó en 1987, precisamente con la publicación del disco *1987*, y caracterizada por un estilo mucho más próximo al heavy metal y de enorme alcance comercial, tras la renovación total de los miembros originales de la banda, destacando la labor en la composición de John Sykes y Adrian Vanderberg, fundamentales, respectivamente, en los discos *1987* y *Slip of the Tongue* (1989).

Posteriormente, Coverdale daría otro giro de tuerca a su banda y tras permanecer en silencio discográfico una larga temporada, regresaría a comienzos del siglo XXI con una propuesta, de impecable directo, que combinaba sus dos etapas anteriores, lo que queda recogido en *Good to be Bad* (2008) y *Forevermore* (2011), para los que contó como hombre de confianza con el guitarrista Doug Aldrich.

Y&T

Las armonías de Dave Meniketti

Esta banda procedente de San Francisco, California, al frente de la cual está el cantante, guitarrista y compositor Dave Meniketti, resultó en su momento el eslabón norteamericano que unía el rock AOR de bandas como Boston, Journey y Van Halen con la New Wave of British Heavy Metal (NWOBHM), vínculo que evidencia su álbum *Earthshaker*, publicado en 1981, punto culminante de la discografía de Y&T y ejemplo perfecto de hard rock con hábiles melodías y armonías.

Afortunadamente, entre el resto de discos publicados por la banda podemos encontrar otros buenos ejemplos de hard rock clásico, como *Open Fire*

(1985) o el más reciente *Facemelter* (2010), sin olvidar que Y&T cuenta con algunos directos que recogen su fuerza y aplastante profesionalidad en concierto, como *Yesterday & Today* (1990) y *Live at the Mystic* (2012).

ZZ Top

Tres hombres y una canción sureña

Billy Gibbons, Dusty Hill y Frank Beard conforman uno de los tríos más pecualiares del rock, con una sólida base afincada en el rock sureño y una evolución musical que en algunas etapas los ha vinculado al hard rock mainstream, aunque sin perder de vista sus raíces.

La base de su propuesta musical lo conforma su etapa discogràfica publicada en los años 1970, con álbumes tan fundamentales como *Tres Hombres* (1973) o *Degüello* (1979), con los que ganaron una sólida reputación que les valió abrir algunos conciertos para los Rolling Stones en 1973.

Luego, con la llegada de los años ochenta y la difusión de la MTV, ZZ Top se colaron en las listas de éxitos de medio mundo gracias a *Eliminator* (1983), uno de los grandes discos de aquella década, en el que combinaban sus raíces y las nuevas tecnologías, especialmente en el tema «Gimme all your lovin'», y que les llevó a participar en agosto de 1983 en el festival Monsters of Rock, compartiendo escenario con Diamond Head, Dio, Whitesnake, Twisted Sister y Meat Loaf.

Posteriormente, ZZ Top encararían varios años de omisión mediática y musical, del que saldrían en 2012 con la publicación del álbum *La Futura*, ensalzado por la crítica y cuya encomiable inspiración los devolvió a sus raíces musicales.

✣

3. HEAVY METAL LATINO

Al calor de los acontecimientos musicales producidos en Europa y Estados Unidos entre finales de los años setenta y principios de los años ochenta, el heavy metal se extendió por toda Latinoamérica, aunque, a diferencia del anglosajón y debido a la insalvedad del idioma, el movimiento propio surgido en esta zona del mundo nunca ha traspasado las fronteras autóctonas, salvo en muy meritorias excepciones.

Como es lógico, y por el más fácil acceso a los medios de comunicación, en Latinoamérica el heavy metal se implantó en los países más desarrollados, como Argentina, Brasil o México, mientras que en el resto de naciones el género se ha visto confinado desde siempre a ser un movimiento underground.

Ha exisitido, por el vínculo idiomático e histórico, cierta simbiosis entre España y Latinoamérica, como lo demuestra la circunstancia que fuesen las bandas de la 'Madre Patria' quienes impulsasen la recuperación del heavy metal a ambos lados del Atlántico tras el declive de los años noventa.

Siendo como es una zona geográfica tan extensa y, al mismo tiempo, crisol de culturas milenarias y de idiosincrasias político, social y cultural diversas, hablar del heavy metal en castellano es hacerlo de tal cantidad de referencias que es necesario hacerlo teniendo en cuenta el origen geográfico de las propuestas. Por ello, el siguiente breve repaso.

Argentina

El movimiento metálico argentino es uno de los de mayor arraigo, siendo una de sus características la crítica social en sus letras, destacando, en cuanto a estilos, el heavy metal de corte clásico, el thrash y el power metal.

Los pioneros del género fueron El Reloj, formados en 1971 e influenciados por Deep Purple, mientras que resulta meritorio el contexto político-social en el que surgieron bandas como Riff o V8, haciéndolo en época de la dictadura militar (1976-1983). Posteriormente, los nombres más aclamados han sido los de Hermética, Rata Blanca y Animal, aunque tampoco se deben olvidar nombres como Horcas, Lethal, Imperio o Kyrie Eleison.

Bolivia

En Bolivia el heavy metal apareció a principios de los años ochenta, a través de grupos como Stratus, Trueno Azul, Metalmorfosis o Trilogía, aunque no sería hasta mucho después cuando se publicaron los primeros discos de interés, caso de *La Cruz en la Espada* (2003), de Arkanos, con influencias de la NWOBHM. De las formaciones más actuales cabe reseñar a Arkanos, Granma Alcohólika L C, Nación, Hate o Undead.

Brasil

La veda del metal brasileño comenzó en 1982, con la banda Venus, que publicaron un único disco cuyas letras en portugués ya trataban sobre ecología, misticismo y antiracismo.

Hablar del metal brasileño es hacerlo forzosamente de Sepultura, cuyo éxito hizo que Belo Horizonte se convirtiese en la capital carioca del género; de Cogumelo Records, el primer sello de heavy metal del país; de emisoras de radio como Liberdade FM, Fluminense o 89, responsables de la difusión del género, o del gigantesco festival Rock in Rio de 1985, en el que participaron Iron Maiden, Scorpions, Ozzy Osbourne, Whitesnake y AC/DC. Brasil, probablemente el mayor filón de heavy metal de toda Latinoamérica, ha dado nombres a tener en cuenta en diferentes estilos del metal, como por ejemplo Angra y Aquaria, en el power metal; Shaman, en el metal progresivo, o Violator, Dorsal Atlãntica y Torture Squad, en el thrash.

Chile

Hay que citar como precursores del metal chileno a Turbo, surgidos en 1983, en plena dictadura de Augusto Pinochet, y con un solo trabajo publicado, exactamente una cassette, *Turbo Pesado* (1987). La escena chilena se decanta principalmente por el black, el death, el thrash y el nu metal, siendo las que más repercusión han conseguido Tornado, Criminal y Six Magics, mientras que como músicos destaca el guitarrista Alejandro Silva.

Colombia

Merece la pena destacarse la trayectoria de Parabellum, formación de black metal formada en 1981; Internal Suffering, banda de death metal de alcance internacional; Ekhymosis, grupo en el que militó Juanes; Legend Maker, Gaias Pendulum, y Kraken, uno de los grupos más populares en Latinoamérica.

Colombia posee, además, un sello especializado en el metal, Warmaster Records, y acoge varios festivales ad hoc, como Rock al Parque.

Ecuador

La historia del heavy metal en Ecuador se remonta a los años ochenta, teniendo como epicentro del movimiento la ciudad de Guayaquil, de la que son originarios grupos como Abraxas o Spectrum. En el caso de estos últimos, la primera y más longeva banda de la historia del metal ecuatoriano, ejemplifican la maltrecha situación en la que se encuentra el género en este país, puesto que tras más de veinte años Spectrum tan sólo han publicado un disco, *A las Puertas del Delirio* (2005).

No obstante, Abraxas y Spectrum abrieron la senda que después han recorrido Animal, Basca, Blaze, Demolición o Muscaria.

En cuanto a convocatoria, la capital del país acoge el ecléctico Quito Fest, que reúne referencias del rock alternativo y extremo y por el que desde el año 2003 han pasado artistas como Ratos de Porão, Angra o Testament.

El Salvador

Su escena metálica aparece en los años ochenta con B'Rock, liderados por Vicente 'Chente' Sibrián, referente de la música salvadoreña. Después, en los años noventa, se produjo una oleada de rock alternativo de la que destacó el grupo Ovni, al frente del cual estuvo el cantante Rafael Alfaro.

De los últimos años hay que citar a bandas como Ángelus, Araña, El Ático, Gaia, Renegado, Vértigo o Víbora, y del metal extremo Dismal Gale, Dreamlore, Imperial, Kraner, Raíces Torcidas, Santería, Soomdrag y Symbolic.

España

A comienzos de los años ochenta el heavy metal se convirtió en uno de los fenómenos músico-sociales más importantes de la historia reciente de España, gracias a grupos como Barón Rojo, Obús y Ángeles del Infierno, a los que habría que añadir Mägo de Oz, Banzai, Muro, Santa, Sangre Azul o Panzer, como referencias de la denominada Vieja Ola del Heavy Metal Español. A partir de los años noventa aparecerían nuevas formaciones, más técnicas y con el ojo puesto en las propuestas anglosajonas, como Uzzhuaïa, Sôber, Skizoo o Angelus Apatrida.

A pesar de los debacles económicos y la repudia de los medios generalistas, en España el heavy metal ha contado con el apoyo de publicaciones especializadas, como las revistas *Heavy Rock*, *Kerrang!* o *Metal Hammer*, el apoyo de periodistas como Mariskal Romero o Mariano Muniesa y la organización de festivales como Leyendas del Rock, Bilbao BBK Live, Viña Rock o Xtreme Mas Metal.

México

Las primeras bandas de heavy metal mexicanas surgen a mediados de los años ochenta, lideradas por Cristal y Acero y Luzbel. A lo largo de la década siguiente se impuso el thrash y el death metal de grupos como Brujería, Disgorge, Leprosy o Transmetal, mientras que en los últimos años, y sin dejar de ser un movimiento underground apoyado por fanzines y webzines, el género se ha perpetuado a través de las aportaciones de bandas como El Cuervo de Poe, Morante y Anabantha.

Nicaragua

El metal llegó tarde a Nicaragua, quedando confinado, además, a una pequeña parcela del negocio musical de este país. En la segunda mitad de los años noventa aparecieron bandas como Ancestral, Gorepoflesh, Cripta, Cruz de Metal, Maleficia, Necrosis u Osiris, todas ellas auspiciadas por la emisora Radio Pirata, dedicada en exclusiva al género.

En 2004 apareció una nueva generación del metal, gracias a bandas como Hamlet, Vortex o Dying Inside, aunque supeditadas a una escena totalmente underground.

Paraguay

El primer grupo de heavy metal paraguayo fue Nash (no confundir con la banda colombiana), seguidos de Alcy Rock y Chester Swanny Trío.

También hay que reseñar a Steel Rose, Khyron, Rushmore o Wisdom, que cuentan o han contado con el apoyo de emisoras radiofónicas como Rock and Pop, Radio Rebelde y Radio Viva.

Perú

A comienzos de los años setenta, el heavy rock peruano contó con los pioneros Pax y Tarkus, manteniéndose el género con vida con formaciones posteriores como Óxido, Masacre (teloneros en 2009 de Iron Maiden en el Estadio Nacional de Lima) y, más recientemente, Epilepsia, Infected, Helium, Necropsya, Psicorragia o Cobra, formados en 2005 y que en 2011 publicaron su primer cedé, *Lethal Strike*.

Uruguay

Uno de los grupos pioneros uruguayanos fue Cross, liderados por el cantante y guitarrista Marcelo 'Cross' Lilienheim y con una discografía que se aproxima al speed metal, de lo que buen ejemplo es el álbum *A Miles de Kilómetros de Acá* (1991).

Debido al contexto histórico del país, la dictadura militar entre 1973 y 1985, el heavy metal llegó a Uruguay a finales de los años ochenta, siendo la primera en aparecer Psiglo, de la cual formó parte Hermes Calabria, batería de los españoles Barón Rojo.

Llegados los años noventa, el metal uruguayo contó con la efervescencia de Chopper, Alvacast, Delirium Tremens, Herrumbre o Inner Sanctum, todas estas aún en activo, si bien el panorama se sigue moviendo en lo marginal.

Venezuela

El movimiento metálico venezolano comenzó en 1981 con Arkangel y Resistencia, publicitados por el programa radiofónico y de televisión *La música que sacudió al mundo* y puestos en escena frente a un multitudinario público en recintos como Poliedro de Caracas, Nuevo Circo o Naciones Unidas. En 1984 el cantante de Arkangel, Paul Gillman, iniciaría su carrera en solitario, convirtiéndose así en una de las principales referencias metálicas de Latinoamérica. Otras bandas venezolanas que merecen citarse son La Misma Gente, Centurión, Alta Frecuencia o Fahrenheit, y a nivel underground Azazel, Bafometh, Laberinto, Aeris, Genocidio, Leviathan o Tierra del Dragón.

LOS ARTISTAS

Ángeles del infierno

(España)

Formados por Robert Álvarez y Santi Rubio a mediados de los años ochenta, Ángeles del Infierno son una de las pocas bandas españolas de heavy metal que han trascendido con fuerza en Latinoamérica. No en vano, en sus mismos

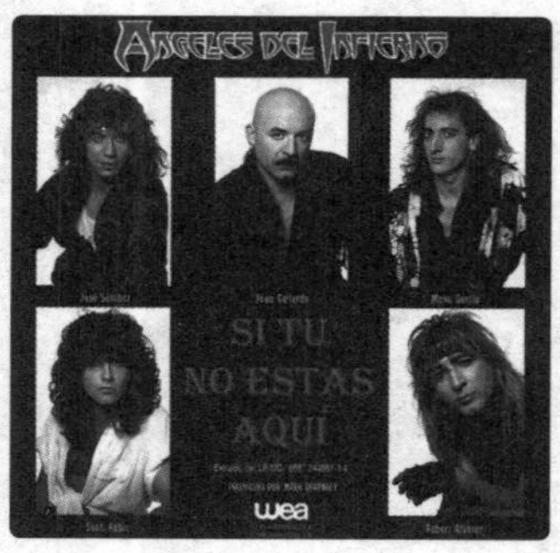

comienzos telonearon en España a bandas como AC/DC, Motörhead o Saxon. Gracias a su estilo en deuda con los británicos Judas Priest, su asentamiento en España llegó con su segundo álbum, *Diabólica* (1985), publicando tres años más tarde su disco de mayor éxito comercial, *666*, que les abrió las puertas al otro lado del Atlántico, cosechando cierto éxito incluso en Estados Unidos.

Angelus Apatrida
(España)

Banda albaceteña formada en 2000 y prestigiosa referencia del thrash metal español en todo el mundo tras el lanzamiento de su miniCD *Unknown Human Being*. Sus actuaciones en el festival Viña Rock en 2005 y 2006 les valieron el ser reconocidos como uno de los nombres más significativos de la denominada New Wave of Spanish Thrash Metal, permitiéndoles en 2007 publicar *Give 'EmWar* en todo el mundo y en 2009 firmar con Century Media Records. El asentamiento de Angelus Apatrida más allá de las fronteras españolas llegó con los discos *Clockwork* (2010) y *The Call* (2012), e incluye seis actuaciones en Japón en el mes de enero de 2014.

Angra
(Brasil)

La inteligente mezcla de heavy metal con elementos tradicionales de la música autóctona ha hecho de Angra una de las bandas más importantes de Brasil, aclamada en países como Francia, Gran Bretaña o Japón por discos como *Angels Cry* (1993), *Holy Land* (1996) o *Fireworks* (1998), este último producido por Chris Tsangarides. Su discografía incluye reminiscencias al power metal, *Rebirth* (2001), y el metal progresivo, *Temple of Shadows* (2004) y *Aurora Consurgens* (2006), gracias a la labor de los guitarristas Rafael Bittencourt y Kiko Loureiro, siendo una de las propuestas más atractivas del actual metal brasileño gracias al álbum *Aqua* (2010), inspirado en *La Tormenta*, de William Shakespeare, y sus constantes actuaciones por todo el mundo.

Gillman
(Venezuela)

Son toda una institución en Venezuela, con una trayectoria de tres décadas supeditada a las directrices de Paul Gillman, quien con sólo 21 años comenzó su carrera con Arkangel, otro de los referentes latinos del metal en castellano.

Gillman apostaron por la reivindicación social, tal y como prueba el título de su primer trabajo, *Levántate y Pelea* (1984), compaginándolo con momentos más comerciales, como el que les deparó el álbum *Sígueme* (1988), orientado hacia el rock AOR, e incluso grabaciones conceptuales, como *Escalofrío*, disco lanzado en 1994.

Tras algunos años de silencio musical y coincidiendo con la llegada del nuevo milenio, Paul Gillman regresaría con una puesta en escena renovada, que incluía la adopción de una mascota, Guaicaipuro Cuauhtemoc, obra de Derek Riggs, creador del Eddie de Iron Maiden.

Las actividades actuales de Paul Gillman incluyen la organización del Gillmanfest, el gran festival itinerante venezolano de heavy metal desde 2005.

Barón Rojo
(España)

Son, sin duda, el máximo exponente que ha dado el heavy metal en la lengua de Cervantes, gracias a una lírica musical equiparable a muchas formaciones anglosajonas. Ya con su primer disco, *Larga Vida Al Rock & Roll* (1981), consiguieron una excepcional aceptación tanto por parte del público como por el de la crítica, seguido por *Volumen Brutal*, grabado en Londres y el cual se convertiría en el primer disco de platino del sello Chapa, tras vender más de ciento veinticinco mil copias. Por entonces, Barón Rojo se codeaba con Bruce Dickinson y Michael Schenker (Sherpa compondría el tema *Red sky*, incluido en el álbum *Built to Destroy*, del Michael Schenker Group), colaban el tema *Resistiré* en

el Top 10 inglés, aparecían en la portada de la revista *Kerrang!* y participaban en el famoso festival de Reading ante 18.000 personas, en una edición en la que compartieron cartel con Iron Maiden, Gary Moore, Marillion, Twister Sister y Michael Schenker. Tras discos capitales como *Metalmorfosis* (1983), el doble directo *Al Rojo Vivo*, *En Un Lugar de la Marcha* (1985) o *Tierra De Nadie* (1987), en 1989 Hermes Calabria y Sherpa abandonaron la formación, aunque durante 2009 y 2010 regresarían para una breve gira conmemorativa por España. Durante el largo impass, los hermanos de Castro mantuvieron con vida a Barón Rojo (acompañados por músicos como Pepe Bao, José Antonio del Nogal, Maxi González, Niko del Hierro, José Martos, Ángel Arias Guzmán, Vale Rodríguez, Tony Ferrer, Rafa Díaz, Javier Arnáiz o Gorka Alegre), presentando con regularidad nuevas producciones discográficas, las cuales, lejos de perpetuar la leyenda, incluían trabajos arriesgados, como *En Clave de Rock* (2009), grabado junto a la banda sinfónica de Mislata, o *Tommy Barón* (2012), revisión íntegra de la ópera rock *Tommy*, de The Who.

Centurión
(Venezuela)

Son una de las más eminentes aportaciones al heavy metal latino surgida en 1989 en el estado venezolano de Carabobo. En 1991 publicaron, de manera independiente, su primer disco, *The Red Zone*, con una alineación que reunía al cantante Alejandro Conde, los guitarristas Eligio Buia y Wilson Castañeda, el batería César Buia y el bajista Adán Laya. Influenciados por bandas como Pantera (a los que telonearon en 1993 en Caracas), Prong, White Zombie, Soundgarden o Anthrax, Centurión culminarían una discografía, formada por un total de cinco títulos, con *Genetical Breakdown* (2003), a caballo entre el heavy tradicional y el power metal.

Chopper
(Uruguay)

Con una formación integrada por Leonardo Rodríguez (batería), Luis d'Angelo (bajo), Fabián Furtado (cantante) y Federico Sanguinetti (guitarra), Chopper trascendieron de los límites de la pequeña escena metálica uruguya para recorrer los escenarios de Brasil y Argentina, gracias a su álbum *Chopper* (1993). Las posteriores entradas del bajista Diego García y el guitarrista Gabriel Brikman los llevó al thrash y al death metal, de los que buena cuenta dieron en *Sangrando*, editado en 1997.

Desafortunadamente, las tensiones entre Brikman y Furtado acabaron con la disolución de la banda en mayo de 2002.

Cristal y Acero
(México)

Una de las bandas más importantes de la escena metálica mexicana son Cristal y Acero, si bien en sus orígenes tuvieron vínculos con el rock progresivo, que no tardaron en abandonar para centrarse en el género que les ha dado popularidad.

Su apuesta por el heavy metal obtendría en 1986 sus primeros frutos, gracias a su tercer disco, *Espadas de Cristal*, elogiado por la revista inglesa *Metal Forces*. Tras un inesperado giro musical con el siguiente *América* (1987), en 1992 el grupo presentó una doble propuesta: el disco *Solo y Sin tu Amor* y la musicalización de la obra de teatro *La Bella y la Bestia*.

En 1994, con la mirada puesta en el mercado estadounidense, Cristal y Acero lanzaron un disco de versiones de grupos como Def Leppard, Quiet Riot y Van Halen, para a finales de aquella misma década regresar a los escenarios teatrales con la obra *Drácula: Ópera Gótica de Terror*. Esta adaptabilidad artística, de la mano de su batería, Samuel Shapiro, les permitió, durante 2003 y 2004, colaborar con el Circo Atayde, el más importante de México, y en 2005 publicar su último disco, *Light of Power*, desarrollado en el metal progresivo.

Disgorge
(México)

Formados por Antimo Buonanno en 1993, Disgorge han sido calificados como 'brutal death metal', debido a sus cruentas letras. Antes de la aparición de su primer disco, *Chronic Corpora Infest* (1997), la banda ya había actuado en Guatemala y El Salvador y habían ejercido de teloneros de Cannibal Corpse. La promoción de su segundo trabajo, *Forensick* (2000), les permitió ofrecer una gira de treinta y cinco actuaciones por quince países de Europa, continente al que regresarían en 2004 para cumplir con otras cuarenta y cinco fechas más con motivo de su tercer larga duración, *Nechrolocaust*, aunque sin contar con Buonanno, siendo el guitarrista Edgar García quien se ocuparía de las labores vocales. Gracias al notable *Gore Blessed to the Worms* (2006), a Disgorge se los consideró una de las bandas más importantes del metal underground internacional.

Dorsal Atlántica
(Brasil)

Llama la atención que una de las bandas más extremas e importantes surgidas en Brasil se hubiese formado, en 1981, en un colegio fundado por militares durante la dictadura (1964-1985); y no sólo eso, sino que, además, Dorsal Atlántica lograron que su primer disco, *Antes do Fim* (1986), despertase las iras de algunos sectores sociales.

Con el siguiente, *Dividir & Conquistar* (1988), recibieron el beneplácito de la prensa especializada por su significativa crítica social, permitiéndoles telonear a estrellas de primera fila como Motörhead, Testament o Kreator.

Tras unos años de baja inspiración, en 1997 volvieron a captar el interés del público con *Straight*, que bajo las pautas del crossover fue producido en Gran Bretaña por Paul Johnston. El disco les supuso el pase al escenario del Monsters of Rock, ocasión que aprovecharon para grabar el directo *Terrorism Live* (1999). Dos años después el grupo se separaría, pero en 2012 Carlos Lopes reunió el trío, que grabó el álbum *2012*.

Fun People
(Argentina)

Una de las bandas más representativas del hardcore argentino que ha sabido ganarse al público por su tono social y cuyo propio líder, Carlos 'Nekro' Rodríguez, definió musicalmente como 'hardcore-gay-antifascista'.

Los principios fundacionales de Fun People, que interpretaban sus temas tanto en español como en inglés, incluía el rechazo al apoyo de las discográficas multinacionales, de ahí que sus primeros discos se distribuyesen a través del pequeño sello Frost Bite Records y, posteriormente, por la discográfica creada por ellos mismos, Ugly Records. En 1996, a raíz de la publicación de su tercer álbum, *Desarme*, lograron girar por Estados Unidos y Europa, si bien la acentuada idiosincrasia de la banda fue la que la llevó a su separación en 2000, tras el disco *Angustia No, No*. A partir de entonces han ofrecido puntuales actuaciones, apenas media docena, promocionadas mediante el simple boca a boca y siempre en territorio porteño.

Kraken

(Colombia)

Con más de treinta años de carrera, Kraken, nombre inspirado en una criatura marina de la mitología escandinava, es el proyecto musical de Elkin Ramírez, consistente en una serie de discos de metal progresivo de los que destacan *Kraken II* (1989), que llegó al primer puestos de las listas colombianas; *Piel de Cobre* (1993), con el que rindieron homenaje a las culturas precolombinas, y *Kraken Filarmónico* (2006), plasmación de una breve serie de conciertos llevados a cabo entre 2004 y 2006. En la actualidad Kraken son una de las leyendas del rock colombiano, equiparable a otras del rock en español, como por ejemplo Mägo de Oz, con quienes compartieron escenario a finales de 2013 durante el 'Mägo de Oz Fest', celebrado ante doce mil personas en el Coliseo Cubierto El Campín de Bogotá, con motivo del 25 aniversario de la formación de folk metal española.

Laberinto

(Venezuela)

El alcance de Laberinto, formados en 1989, ha sido tal que durante años, y desde 1992, tuvieron su base de operaciones en Holanda, lo que contrasta con la circunstancia de que ninguno de sus discos se haya editado en su país natal (a excepción del recopilatorio *D3 Colección* -2012-). En sus comienzos, su metal hardcore tomó prestados elementos percusivos autóctonos y afrocaribeños, lo que más tarde se denominó 'metal latino'. En 1996 apareció su disco de debut, *Priority*, que al año siguiente les valió el participar en el festival Dynamo Open Air y, posteriormente, en otros eventos multitudinarios, como el Alen Galicia '98 o el Borec Trinec.

Another Style es su álbum más ambicioso, producido por Attier Bauw (Scorpions, Halford…), aunque no se quedan atrás *The World Might Suck* (2008) y *Mask of Thousand Faces* (2010).

Luzbel

(México)

La formación de metal más popular de México, pionera del género en su país, ha visto reconocida su aportación artística mediante, por ejemplo, las dos Medallas Phonos concedidas a su guitarrista, Raúl Fernández Greñas.

Desde 1983, y a través de varias etapas (1983-1990, 1993-1996 y desde 2012 a la actualidad), Luzbel han esbozado sus miras musicales teniendo como referentes a Iron Maiden y Judas Priest (de hecho, en 2003 publicaron el disco de versiones *Mirada Eléctrica, Tributo a Judas Priest*). Discográficamente, destacan sus álbumes *Metal Caído del Cielo* (1985), *Pasaporte al Infierno* (1986) y *¡¿Otra Vez?!* (1989).

Actualmente, Greñas, acompañado por Vic Nava (bajo), Jorge Curiel (batería) y Mike de la Rosa (cantante), es el encargado de perpetuar la tarectoria de Luzbel, tras más de tres décadas en boca de los metalheads mexicanos.

Mägo de Oz

(España)

Aunque formados en 1989, no fue hasta que en 1992 ganasen el concurso Villa de Madrid y grabasen su primer CD, cuando arrancó realmente la carrarera de Mägo de Oz, uno de los referentes del rock duro español.

No obstante, su singladura por los años noventa no fue fácil, si bien se mantuvieron a flote con discos como *Jesús de Chamberí* (1996), presentado por toda España mediante la gira 'Via Crucis Tour', y *La Leyenda de*

la Mancha (1998), motivo del 'The Riiichal Tour', una vasta serie de nada menos que ciento quince conciertos. Más tarde, tras la entrada de Sergio Martínez, procedente de Ankhara, como nuevo bajista, Mägo de Oz acometerían una trilogía sonora que se abrió en 2003 con *Gaia*, cuyos textos giran en torno al descubridor Hernán Cortés y el imperio azteca, y que continuó con *Gaia II, La Voz Dormida* (2005) y *Gaia III: Atlantia* (2010).

La repercusión de Mägo de Oz en el panorama musical latinoamericano quedó patente con la publicación en 2007 del álbum *La Ciudad de los Árboles*, el cual dio paso a la gira 'Borriquito como Tour', llevada a cabo a lo largo de 2008 y que discurrió por, además de España, Venezuela, Costa Rica, Chile, Estados Unidos y México.

Obús

(España)

Formados en 1980 en Madrid, Obús es junto a Barón Rojo los líderes de la Vieja Ola de Heavy Metal Español. Su llegada al negocio discográfico fue posible tras ganar la tercera edición del concurso Villa de Madrid, lo que les posibilitó firmar un contrato discográfico con Chapa Discos, publicando en 1981 *Prepárate*, disco producido por Tino Casal y Luis Soler y que rápidamente subió al número 1 de la lista de éxitos de *Los 40 Principales*.

De esta manera, Obús asentaron las bases del movimiento heavy español, acaparando la atención de los medios de comunicación y publicando discos fundamentales como *Poderoso Como El Trueno* (1982), *El Que Más* (1984), *Pega Con Fuerza* (1985) y *Dejarse La Piel* (1986), al tiempo que visitan por primera vez Sudamérica.

Tras el doble álbum *En Directo*, la carrera de Obús se cruzó con el declive del heavy de finales de los años ochenta. No obstante, en 2006 el recopilatorio *Vamos Muy Bien, 30 Grandes Impactos*, sirvió para darlos a conocer a las nuevas generaciones, de la mano de Fortu Sánchez y Paco Laguna.

Ratos de Porão
(Brasil)

Son, junto a Sepultura y Angra, una de las bandas más emblemáticas y clásicas de la escena metálica de Brasil, habiendo conseguido el reconocimiento del público estadounidense y europeo gracias a su hardcore punk impecable y a unos textos de claro y definido mensaje social.

Ratos de Porão, liderados por João Francisco Benedan, más conocido como Gordo, fueron una de las primeras banda de hardcore del cono sur, aunque con el paso del tiempo también han ido incorporando elementos del thrash metal y el crossover.

De sus trabajos discográficos destaca *Cada Dia Mias Sujo e Agresivo* (1987), con el que alcanzaron renombre internacional y primero de una inspirada trilogía completada por *Brasil* (1989) y *Anarkphobia* (1990).

Con la llegada del nuevo milenio, el grupo se ha mostrado irregular en lo que respecta a nuevas producciones, con tan sólo dos títulos publicados (*Homem inimigo do homem* -2006- y *No money no english* -2012-), si bien su incesante actividad en directo los convierten en una de las principales reivindicaciones sociomusicales brasileñas tras más de treinta años de trayectoria.

Riff
(Argentina)

Influenciada por la New Wave Of British Heavy Metal y liderada por el guitarrista Norberto 'Pappo' Napolitano, Riff fue una de las bandas más relevantes del heavy metal argentino. Su primer disco, *Ruedas de Metal* (1981), sin ser un alarde de producción, contenía clásicos como «No detengas tu motor» o «Necesitamos más acción»

En plena dictadura militar, las actuaciones de Riff se convirtieron en ocasiones motivo de enfrentamiento entre el público y fuerzas del orden, lo que comportó que Napolitano disolviese temporalmente el grupo en 1984,

decisión que volvería a tomar en 1986, tras la escasa repercusión del álbum *Riff VII*. Hubo un intento por reactivar la formación en 1992, cuando publicaron *Zona de Nadie*, pero, lamentablemente, en 2005 cualquier posibilidad de reunificación quedaría descartada tras la muerte de Napolitano en un accidente de circulación. Su huella en la música rock argentina es evidente en dedicatorias como, por ejemplo, el que se bautizase con su nombre uno de los estudios de la emisora radiofónica FM Rock and Pop.

Sarcofago
(Brasil)

Durante sus quince años de existencia Sarcofago fueron una de las bandas más controvertidas del metal extremo brasileño. Liderados por el cantante Wagner 'Antichrist' Lamounier, vocalista original de Sepultura, el trío se valió de alusiones anticristianas y satánicas.

Musicalmente, sus discos son auténticas joyas: su debut, *INRI* (1987), está considerado como uno de los referentes del black metal; el siguiente, *Rotting* (1989), lo es del death metal, y el tercero, y último, *The Laws of Scourge* (1991), del death metal técnico.

En 2000 Lamounier decidió retirarse de la música y ejercer como profesor de Ciencias económicas en la facultad UNAMG de Belo Horizonte, actividad que en los últimos años ha compaginado con Komando Kaos, una banda amateur de crossover thrash.

Sôber
(España)

Formados en Madrid en 1993 por los hermanos Carlos (voz y bajo) y Jorge (guitarra) Escobedo, Sôber son, probablemente, una de las bandas más representativas del metal alternativo en castellano.

Tras sus dos primeros álbumes distribuidos a nivel minoritario, *Torcidos* (1997) y *Morfología* (1999), en 2001 *Synthesis* los colocó a la altura de formaciones a las que teloneaban, como Deftones, Hamlet o HIM, llegando su consagración definitiva con su participación en el Festimad.

Con *Paradysso* (2002) llegaron las ventas masivas, consiguiendo el estatus de Disco de Platino en España y posibilitando a que el grupo llevase a cabo una gira de más de cien conciertos. Tras *Reddo*, mezclado en Los Ángeles por Scott Humphrey (Bon Jovi, Metallica...), Sôber decidieron separarse temporalmente, aunque llevando a cabo dos nuevos proyectos, Savia y Skizoo. No obstante, con la llegada de la nueva década, el grupo lanzó dos nuevos álbumes, *Superbia* (2011) y *Letargo* (2014), que los que se confirmaban como banda referente del metal alternativo hispano.

Transmetal
(México)

La banda formada por los hermanos Juan, Lorenzo y Javier Partida es la más representativa del thrash metal mexicano, habiendo incluso contado con el beneplácito del publico estadounidense.

El Infierno de Dante (1993), su primer disco, los dio a conocer a nivel internacional, contando para su grabación con el productor Scott Burns y el cantante de Deicide, Glen Benton. Tres años después, mantuvieron las expectativas con *México Bárbaro*, de nuevo producido por Burns y con George Fisher, de Cannibal Corpse, como vocalista invitado.

Sus vínculos con la escena metálica norteamericana les valió el que con la llegada del nuevo milenio su actividad en territorio yanqui aumentase, contribuyendio a su expansión el anhelo por no estancarse musicalmente, de lo que buena prueba son los álbumes *Lo Podrido Corona la Inmensidad* (2003) y *Odyssey in the Flesh* (2008), sus trabajos más experimentales hasta la fecha.

Undercroft

(Chile)

Autores de un death metal contundente, Undercroft tomaron la alternativa en 1994, cuando, tras la publicación previa de tres prometedoras maquetas, telonearon a los alemanes Kreator en Santiago de Chile. Circunstancia similar sucedió tres años después, cuando abrieron la actuación de Morbid Angel, aunque la diferencia entonces fue que el cuarteto chileno ya había publicado dos excelentes trabajos, *Twisted Souls* (1995) y *Bonebreaker* (1997).

Durante la primera década del siglo XXI Undercroft giraron finalmente por Europa, convirtiéndose en una de las bandas latinas preferidas del público del Viejo Continente, especialmente tras la edición de *Evilusion* (2002), disco para el que contaron con Daniel Bergstrand (Meshuggah, In Flames…) como productor. En la actualidad, Undercroft continúan siendo la principal banda metálica de Chile.

V8

(Argentina)

Practicantes de un estilo en deuda con clásicos del género como Black Sabbath, Led Zeppelin o Rainbow, V8 fueron la primera banda del metal argentino, con textos críticos respecto a la situación político-social que su país vivía durante la dictadura militar. De ahí que fuesen uno de los grupos que mejor supieron atraer a la juventud que buscaba la libertad enfundada en cazadoras de cuero.

A pesar de producir tres discos que hoy en día se consideran como fundamentales para entender parte del rock porteño (*Luchando por el Metal* -1983, *Un Paso Más en la Batalla* -1984- y *El Fin de los Inicuos* -1986-), las drogas y el alcohol acentuaron las discrepancias entre los miembros del grupo, que intentaron poner remedio abrazando el evangelismo. No obstante, la disolución de V8 en 1987 fue el génesis de otras bandas de relieve, como

Almafuerte y Hermética, ambas lideradas por el bajista Ricardo Iorio; Horcas, formada por el malogrado guitarrista Osvaldo Civile («Mientras Horcas suene, Osvaldo va a estar presente»), o Rata Blanca, formada por el también guitarrista Walter Giardiano y quizá la que ha logrado una mayor atención internacional.

✠

4. LA CULTURA

«Sin ellos no somos nada, Sin nosotros, ellos siempre estarán ahí.»

Ronnie James Dio

¿Una forma de vida? El fan

Es evidente que el perfil del seguidor del heavy metal ha evolucionado a lo largo de la historia. Así, durante sus primeros años, el metalhead solía ser un adolescente perteneciente a la clase trabajadora y con un nivel bajo de estudios. Una falsa visión que llegó a verse corroborada por alarmantes, y por tanto poco fiables, estudios sociológicos difundidos coincidiendo con la apareción de la New Wave of British Heavy Metal y que concluían que un sector de alumnos de rendimiento escolar bajo eran más propensos a preferir el heavy metal que los que presentaban un rendimiento escolar alto.

Al respecto, un estudio presentado durante la decimoctava edición anual de la Asociación de Ciencia Psicológica, celebrada en el año 2006 en Nueva York, aseguraba que las personas que preferían la música alternativa, el rock y el heavy metal eran especialmente brillantes en cuanto capacidad de abstracción. Los autores de ese trabajo plantearon la posibilidad de que esto podría ser consecuencia del mayor número de metáforas y del lenguaje abstracto que se prodigan en las canciones de los citados estilos musicales. Además, según ese mismo estudio, escuchar estos tipos de música se asocia frecuentemente con ciertos rasgos de personalidad como el estar receptivo a nuevas experiencias, el disfrutar con el riesgo y el ser físicamente activo, no hallando relación con la inestabilidad emocional a la que se suelen referir los estereotipos asociados a la música rock más extrema.

En sus principios, una de las percepciones que emitía el heavy metal era la de estar vinculado al machismo, lo que, de entrada, no era más que la continuidad de un hábito ya preestablecido en la música popular. Al igual que en esta, el machismo en el heavy metal ha ido disminuyendo a lo largo de los últimos años al mismo tiempo que lo ha hecho en la sociedad. Sí que es cierto, no obstante, que en sus albores los elementos de subcultura inherentes a este género musical incluían una 'hipermasculinidad' ligada a cierto grado de misoginia, conceptuando la 'mujer-objeto' y relegando a las mujeres al papel de meras seguidoras (fans). Tampoco ayudaba, ni ayuda, a la equiparación entre sexos expresiones como el pogo o el *moshing*, prácticas que por su violencia física suelen ejecutar los hombres.

Como colectivo, también ha evolucionado el propio concepto de comunidad, ahora mucho más flexible, en lo que ha influido la propia progresión musical de los últimos años, que ha comportado que el heavy metal haya devenido en uno de los géneros más abiertos tras asumir fusiones con otros estilos.

Estética

El fan del heavy metal emula las propuestas estéticas de las bandas a las que sigue, optando, por lo general, por una indumentaria en la que el uso del cuero, principalmente a través de la popular cazadora, se combina con los pantalones tejanos, las zapatillas deportivas y las camisetas con imágenes relacionadas con los grupos admirados.

Judas Priest son, desde los años setenta, impulsores del lucimiento de prendas de cuero, tras una casual visita de su cantante, Rob Halford, a Mr. S Leather, una tienda de ropa fetichista situada en el Soho de Londres. Ocasionalmente, y en desuso en los últimos años, también se pueden ostentar accesorios como cadenas, tachuelas y cartucheras, siendo muy minoritario los delineadores de ojos y lápiz labiales, elementos cosmetológicos utilizados provisionalmente por las bandas de glam metal de finales de los años ochenta. De las últimas tendencias, destaca uno de los rasgos propuestos por el black metal escandinavo, el 'corpse paint', maquillaje facial, en blanco y negro, que simula un cadáver.

La característica más apreciable estéticamente del heavy metal es el pelo largo, concepto, no obstante, ya popularizado a finales de los años sesenta por la cultura hippie y que, por contra, en los últimos tiempos no es un símbolo irrefutable, pues también existe la corriente de rapado al cero. Un claro ejemplo de que la estética determinada ya no es imprescindible a la hora de integrarse en el colectivo, pues en la actualidad buena parte de los seguidores del heavy metal son adultos que han padecido las vicisitudes de como la imagen personal dificulta el acceso al mercado laboral y el trato social con aquellos que no comparten el mismo gusto musical.

Rompiendo estereotipos

El heavy metal se hizo partícipe de los principios filosóficos más sólidos del rock, comenzando por el discurso inconformista, cargado de un sentimiento romántico de rebelión, aunque menos específico que el inherente a otros géneros, como el rap, el punk o la canción de autor.

Estos principios incluyen, cada vez más aleatoriamente, el consumo de drogas, la transgresión moral religiosa y cierto comportamiento agresivo, aunque éste sin la existencia de una apología de la violencia concreta. De hecho, el heavy metal es un fenómeno multitudinario que en raras ocasiones ha desembocado en situaciones violentas, a pesar de que los escasos incidentes se han convertido en un recurso esgrimido asiduamente por los medios de comunicación, pródigos en publicitar los episodios más tristes del género.

Uno de ellos fue el juicio celebrado en 1990 en Estados Unidos con el que se pretendió probar la influencia de la música de Judas Priest en los suicidios de dos adolescentes, Ray Belknap y James Vance, sucedidos en la localidad de Sparks, el 23 de diciembre de 1985.

Las familias de los suicidas, movidas por el dolor (no hubo ningún interés económico, si bien los abogados de la acusación solicitaron una indemnización de 500.000 dólares), denunciaron al quinteto británico por su canción *Better by you, better than me*, del álbum *Stained Class* (1978), causa directa, según ellos, de la fatal decisión de los dos jóvenes. Al final, se impuso la cordura y Judas Priest fueron absueltos, aunque por entonces Estados Unidos seguían sumidos en el acoso represivo del Parents Music Resource Center (PMRC).

En la década siguiente, los padres de Elyse Pahler, asesinada violentamente, demandaron a Slayer en 1996, arguyendo que las letras de sus canciones habían incitado a los asesinos a cometer el crimen. También en ese caso, la justicia eximió a los músicos de toda responsabilidad en base al principio de libertad de expresión.

En España, recién salida de cuarenta años de dictadura militar, la libertad y el libertinaje en ocasiones se confundían, y confunden, produciéndose situaciones imprevisibles y lamentables. A comienzos de los años ochenta los conciertos se llevaban a cabo sin las mínimas medidas de seguridad, de ahí que durante la segunda gira de Scorpions, el *Love At The First Sting Tour 1984-1986*, se produjese el capítulo más negro del heavy español en la segunda de las dos fechas previstas, Barcelona y Madrid. Durante el concierto en la capital de España resultó muerto, por heridas de arma blanca, Miguel Ángel Rojas del Castillo, de 20 años.

A raíz del lamentable incidente y para limpiar la devaluada reputación del heavy metal, Pedro Bruque, bajista de Tigres de Metal (y luego líder de su propia banda, Bruque), compuso un tema que durante unos años se convirtió en uno de los himnos del rock español: «El heavy no es violencia». Además, Bruque fundó el Colectivo Heavy, COHE, que en su momento de mayor esplendor llegó a contar con más de 5.000 afiliados.

A colación de la labor de Pedro Bruque, hay que recordar dos acontecimientos de alcance internacional que sirvieron para demostrar que el heavy metal era un género concienciado con la sociedad.

El primero es el que se llevó a cabo en 1986 en respuesta al histórico concierto Live Aid que Bob Geldof organizó en el estadio londinense de Wembley y al tema *We are the world*, grabado por las figuras más importantes de la música pop norteamericana a favor de los países africanos azotados por el hambre. En este caso, algunos de los músicos más relevantes del heavy metal se reunieron para grabar «Stars», una pieza compuesta por Jimmy Bain, Vivian Campbell y el gran Ronnie James Dio y proyecto al que se sumaron de inmediato miembros de Quiet Riot, Iron Maiden, Mötley Crüe, Queensrÿche, Vanilla Fudge, Giuffria, Twisted Sister, Blue Öyster Cult, Dokken, Night Ranger, Judas Priest, WASP, Journey, Rough Cutt, Y&T y los de la banda ficticia Spinal Tap.

Tres años después, los días 12 y 13 de agosto de 1989, en un claro intento por demostrar la voluntad de los músicos de heavy metal por obviar cualquier atisbo de distanciamiento entre las órbitas políticas, Moscú acogería el festival Make a Difference, con el que se quiso repudiar la falsa presunción de que sexo y drogas eran las únicas preocupaciones de los artistas rock. En plena era de la glásnot y la perestroika de Mijaíl Gorbachov, Bon Jovi, Mötley Crüe, Skid Row, Ozzy Osbourne, Scorpions, Cinderella y los autóctonos Gorky Park congregaron a 160.000 jóvenes llegados de Polonia, Bulgaria y la República Democrática Alemana en un macroconcierto de dos días que tuvo lugar tres meses antes de la caída del muro de Berlín (la involución del gobierno ruso haría que en 2003 Soulfly cancelasen su actuación en Moscú, tras el ataque suicida de índole política llevado a cabo durante el festival de rock de Krylyla).

✠

El malentendido e inexistente lado oscuro del metal

«Las imágenes satánicas y toda esa parafernalia tienen relación con el hecho de no querer ser un miembro aceptable de la sociedad en la que vives y en no querer ser como los demás.»

Neil Murray (Whitesnake, Black Sabbath, Michael Schencker Group)

Probablemente, el gesto más idenficativo del heavy metal sea la 'mano cornuta', también conocido como 'maloik', símbolo utilizado en el contexto de la música moderna por primera vez por la banda de rock norteamericana Coven, cuya propuesta incluía referencias al satanismo, quedando recogido en la espléndida portada de su primer álbum, *Witchcraft Destroys Minds & Reaps Souls*, publicado en 1969. No obstante, quien popularizó la 'mano cornuta' fue Ronnie James Dio, aludiendo el gesto utilizado por su abuela para contrarrestar el mal de ojo ('malocchio'), y ahuyentar así los malos espíritus, según la superstición tradicional del sur de Italia.

De la superstición al lado oscuro de la espiritualidad y la religiosidad, lo que en el contexto europeo significa hablar inevitablemente del cristianismo, hay un breve recorrido que nos lleva al ocultismo y al satanismo, experiencias y tendencias de fe que se han esgrimido al margen o en contra del poder absolutista de la Iglesia de Roma durante siglos. El heavy metal ha jugado de manera efectista con ambos conceptos por aquello de perpetuar su oposición con todo lo establecido, aunque algunos de sus estilos han acentuado o se han visto directamente involucrados en preceptos oscuros.

Quizás la escena metálica que más incidentes ha producido es la desarrollada en Suecia y Noruega entre finales de los años ochenta y principios de los noventa, con una pléyade de bandas (prácticamente cada pueblo escandinavo contaba con al menos una banda), cuyos miembros, adolescentes, combinaban heavy metal, partiendo de las premisas recogidas en el álbum *Black Metal* de Venom, con punk, películas gore, adoración a la muerte (incluido el suicidio, tan común en los países nórdicos) y la exaltación a la cultura tradicional vikinga.

Esa recopilación de cultura extrema por parte de las formaciones del black metal escandinavo hizo que a estas se las relacionase con incidentes violentos, tales como asesinatos (el 10 de agosto de 1993, Varg Vikernes, de

Burzum, asesinó a Euronymous, líder de Mayhem), iglesias incendiadas (la portada del segundo álbum de Burzum, *Aske*, muestra una iglesia de Fantoft devastada por las llamas), secuestros (en 2006, Gaahl Gorgoroth, fue detenido por secuestrar a un hombre y extraerle sangre para bebérsela), apología del suicido (la banda Shining incitaba al suicidio en sus conciertos) y profanación de tumbas.

Dentro de esta nebulosa maléfica y nada representativa hay que citar a las bandas de la denominada NSBM (National Socialist Black Metal –Black Metal Nacional Socialista), que desde finales de los años noventa proliferan en la Europa del Este (Branikald –Rusia-, Der Stürmer –Grecia- o Holocaustus –Alemania-) y también en Estados Unidos (Fanisk, Grom, Tyranath, Granulosum o Wulfhere), mediante un discurso xenófobo y antisemita.

Hechos, violentos y parapolíticos, puntuales producidos o bien por individuos de dudosa salud mental o bien carentes de principios morales, ambos casos ajenos al espíritu legítimo del heavy metal.

✠

5. LOS DISCOS

«Si todos hubiesen tomado un vaso de leche con galletas cada noche y se hubieran ido a dormir a las diez, la música no hubiera sido la misma.»

Alex Skolnick (Testament)

AC/DC – *Back In Black* (1980)
Después de haber publicado uno de los más grandes discos del rock, *Highway to Hell* (1979), y tras tristemente perder al fabuloso cantante Bon Scott, muchos auguraron que AC/DC optarían por retirarse, dejando el pabellón bien alto. Pero para los australianos, afortunadamente, esa no fue una opción. Así que con Brian Johnson, recomendado por el productor Robert 'Mutt' Lange, se descolgaron con esta grabación magistral. A excepción de *Back in black* y *Have a drink on me*, homenajes en solfa a Scott, en *Back in Black*, grabado en los estudios Compass Point de las islas Bahamas, durante los meses de abril y mayo de 1980, el quinteto prescindió de la melancolía y grabó clásicos como *Shoot the thrill*, *Hell bells* o *You shook me all night long*, con los que, finalmente, obtuvieron el éxito en Estados Unidos (número 4 en la lista de álbumes de la revista *Billboard*), país en el que, hasta la fecha, se han despachado 22 millones de copias de *Back In Black*, a las que hay que añadir otros 28 millones en el resto del mundo, lo que lo convierten en el segundo disco más vendido de la historia, tan sólo por detrás de *Thriller* (1982), de Michael Jackson.

Accept – *Balls To The Wall* (1983)
Publicado en su Alemania natal en el mes de diciembre de 1983, y al mes siguiente en Estados Unidos (donde logró el puesto número 74 en la lista de éxitos de la revista *Billboard* tras despachar 500.000 copias), *Balls to the Wall* superaba los muchos logros del anterior trabajo de Accept, *Restless and Wild* (1982).

Paradigma del mejor speed metal, el álbum se nutrió de la estridente voz de Udo Dirkschneider, la acerada guitarra de Wolf Hoffmann (Herman Frank tan solo posó en videos y fotos promocionales) y los ambiguos textos escritos por el entonces representante del quinteto, Gaby Hauke, bajo el alias de 'Deaffy', responsable también de la portada del disco. Precisamente, los textos de *London leatherboys* y *Love child* sirvieron para que Accept fuesen considerados en Estados Unidos como una banda de 'gay metal', a la postre excelente reclamo publicitario para irrumpir en el mercado discográfico de dicho país.

Aerosmith – *Toys In The Attic* (1975)
Tras las irregulares producciones a las que se vieron sometidos sus dos primeros álbumes, *Aerosmith* (1973) y *Get Your Wings* (1974), para este su tercer trabajo discográfico, Aerosmith contaron con Jack Douglas como productor, quien por entonces ya había trabajado para John Lennon, Patti Smith, Blue Öyster Cult y New

York Dolls. La alianza con Douglas les valió a los de Boston su primer gran disco, número 11 en Estados Unidos y más de ocho millones de copias vendidas en la actualidad, en el que la sección rítmica tan pronto volaba (*Toys in the attic*), como se tomaba su tiempo y daba lugar a una pieza 'protorap' como *Walk this way*, que como single entró en el Top 10 de Estados Unidos en 1977 y que a mediados de los años ochenta Aerosmith interpretarían junto a Run DMC, quienes la incluyeron en su álbum *Raising Hell* (1986).

Tampoco se deben obviar piezas de la exquisitez de «You see me crying» o la de «Sweet emotion», cuyo éxito como single, Top 40 en USA, hizo que se reeditase la balada «Dream on», previamente incluida en el primer disco del quinteto.

Angel Witch – *Angel Witch* (1980)
Tres años después de su formación, los londinenses Angel Witch se convirtieron en una de las bandas referentes de la NWOBHM gracias a su disco homónimo de debut, considerado por la revista *Sounds* como el mejor disco de heavy metal de 1980, junto a *Demolition*, de Girlschool. Además, *Angel Witch* es una de las indiscutibles primeras grandes producciones del género, junto a *Iron Maiden*, de la banda de Steve Harris; *On Through the Night*, de Def Leppard, y *Wheels of Steel*, de Saxon. Otras opiniones le confieren el marchamo de precursor del thrash metal, sentencia corroborada por Lars Ulrich, batería de Metallica, quien considera a los ingleses una de sus mayores influencias. Vanaglorias todas ellas destinadas a ensalzar el talento de Kevin Heyborne, alma mater de Angel Witch.

Anthrax – *Among The Living* (1987)
Con éste su tercer trabajo discográfico, publicado el 22 de marzo de 1987, los neoyorquinos Anthrax, que produjeron el disco junto al experimentado Eddie Kramer (Jimi Hendrix, Kiss, David Bowie…), lograron hacerse un hueco en el thrash metal, hasta el punto de justificar su inclusión en el selecto club de 'The Big 4 Thrash', junto a Metallica, Slayer y Megadeth.

Una de las armas secretas de *Among the Living* es que, aún aferrados al metal extremo, el quinteto se valió de un género tan supuestamente opuesto como el rap. La, por otro lado, actitud desenfadada de la banda (casi podría decirse 'freaky', si atendemos al hecho de que «Among the living» y Skeleton in the closet» se inspiraban en las novelas de Stephen King *La Danza de la Muerte* y *Alumno Aventajado*, respectivamente), tan sólo despistó a algunos el tiempo que tardaron en percatarse del gran alcance de piezas como «Caught in a mosh» o «NFL», además del sugestivo cebo que de cara a un público más amplio suponían «I'm the law» e «Indians».

At The Gates – *Slaughter Of The Soul* (1995)
Resulta curioso el caso de At The Gates, pues después de tres discos que iban de la irregularidad de *The Red in the Sky is Ours* (1992) y *With Fear I Kiss the Burning Darkness* (1993) a la notable inspiración de *Terminal Spirit Disease* (1994), decidiesen separarse tras la publicación de *Slaughter of the Soul*, su mejor y excelso trabajo.

Publicado el 14 de noviembre de 1995, *Slaughter of the Soul* es uno de los primeros y mayores exponentes de death metal melódico escandinavo, en concreto de la escena denominada 'sonido Gotheborg', siendo considerado en 2005 por la revista *Rock Hard* nada menos que como una de las mejores grabaciones del metal de todos los tiempos.

Black Sabbath – *Paranoid (1970)*

A los seis meses de la publicación de su opera prima, *Black Sabbath*, el segundo trabajo discográfico del cuarteto de Birmingham, que vio la luz el 18 de septiembre de 1970, suponía un nuevo paso en los postulados del heavy metal. Temas absolutamente imprescindibles, como el que abre el disco, «War pigs», poseedor de una de las introducciones más memorables del rock e inspirado para su letra en la Guerra del Vietnam.

Paranoid, número 12 en Estados Unidos, contiene contrastes tremendamente acertados, como la oscuridad de «Electric funeral» o «Hand of doom» y la ternura de «Planet caravan», al tiempo que resulta ejemplo del enorme legado de Sabbath, viendo muchos en él el preludio del punk y del grunge.

Blind Guardian – *Tales From The Twilight World* (1990)

Para su tercer trabajo en estudio, los alemanes Blind Guardian volvieron a echar mano de un cúmulo de referencias literarias y cinematográficas, tal y como ya habían hecho en sus dos trabajos anteriores, especialmente en *Battalions of Fear* (1988).

En esta ocasión, el guitarrista André Olbrich y el cantante y bajista Hansi Kürsch se inspiraron en las novelas *Dune*, de Frank Herbert (*Traveler in time*), *Dragon*, de Peter Straub (*Welcome to dying*), *El Señor de los Anillos*, de JRR Tolkien (*Lord of the rings*) y *Los Tommyknockers*, de Stephen King (*Tommyknockers*), así como en las películas *Planeta Prohibido*, de Fred McLeod Wilcox (*Altair 4*) y *ET*, de Steven Spielberg (*Goodbye my friend*).

Grabado en los estudios Karo de Münster, población perteneciente a la misma comarca de la que es originaria la banda, Renania del Norte-Westfalia, *Tales From the Twilight World* es uno de los mejores discos del power metal europeo, con influencias de la música clásica que le confieren un magnífico tono épico.

Carcass – *Heartwork (1993)*

Producido por Colin Richardson (Bullet for my Valentine, Cannibal Corpse, Fear Factory, Napalm Death, Slipknot...) y grabado en los estudios Parr Street de Liverpool entre los meses de mayo y junio de 1993, *Heartwork* le valió la consagración internacional a esta banda inglesa liderada por el guitarrista Bill Steer.

Fuente de inspiración para formaciones posteriores de death melódico como In Flames o At the Gates, en *Heartwork* destacan las guitarras de Michael Amott y Steer, la voz del bajista Jeff Walker y el clima sonoro que recorre las diez canciones del disco y que evoca tanto al heavy metal más clásico como al thrash.

Alice Cooper – *Billion Dollar Babies* (1973)

Hay que reconocer que parte del mérito de este disco se debe al trabajo y al talento del canadiense Bob Ezrin, uno de los más grandes productores del rock, responsable de discos como *The Wall* (1979), de Pink Floyd; *Destroyer* (1976), de Kiss, o *Berlin* (1973), de Lou Reed, por citar unos pocos.

Entre 1971 y 2006, Ezrin produciría una docena de discos para la Alice Cooper Band, siendo *Billion Dollar Babies* el trabajo más definido y refinado de todos ellos, en el que hubo espacio para secciones de cuerda y viento, grabadas a caballo entre Estados Unidos y Gran Bretaña.

La pléyade de medios dio como resultado que Alice Cooper se hicieran un hueco en el negocio musical norteamericano, especialmente gracias a la gira a la que dio lugar la grabación, llena de efectos teatrales, como guillotinamientos, cadalsos eléctricos, sangre de ficción... en definitiva, shock rock en estado puro.

Musicalmente, el disco contiene temas lóbregos y comerciales por igual, como *I love the dead* (número 1 en Estados Unidos), *Elected* (Top 30 en USA y número 4 en Gran Bretaña), *Hello hooray* (Top 40 en USA y número 6 en Gran Bretaña) o *No more mr. Nice Guy*, (Top 30 en USA y Top 10 británico), este último, en realidad, descarte de las sesiones de grabación del álbum *Killer* (1971).

The Cult – *Electric* (1987)
Producido por Rick Rubin (que acababa de producir *Reing In Blood* para Slayer e instigó a los de Bradford a zambullirse de lleno en el rock sin apelativos), el 6 de abril de 1987 los británicos The Cult presentaban su propio compendio de hard rock, tras sus devaneos con el rock gótico y el postpunk de *Dreamtine* (1984) y *Love* (1985), respectivamente. Y si bien estos dos trabajos merecieron el encomio del respetable, *Electric*, con un presupuesto de 250.000 libras e inspirado en harina musical de un costal bien diferente, significó la entrada en el ámbito del rock con mayúsculas de los Cult, formados por entonces por Ian Astbury, Billy Duffy, Jamie Stewart y Les Warner.

Un rosario de canciones manufacturadas con brillantez, como las que dieron lugar a los singles extraídos del disco: «Lil' devil», «Love removal machines» y «Wildflower».

Deep Purple – *Machine Head* (1972)
El sexto álbum de Deep Purple le valió al quinteto un éxito sin precedentes en su Gran Bretaña natal y escribir de paso uno de los momentos cumbres del heavy rock. Y eso que su composición, al alimón entre Ritchie Blackmore y Roger Glover, se desarrolló en plena gira veraniega de 1971, mientras que su grabación se hizo en Montreaux, Suiza, con el fin de evitar los altos impuestos británicos (en concreto, buena parte del disco se grabó en el Grand Hotel mediante la unidad móvil de los Rolling Stones).

Machine Head es de principio a fin un trabajo único, aunque para la historia se recordará popularmente por *Smoke on the water*, celebérrima por su riff. Sin embargo, igual de inspiradas resultan «Highway star», «Lazy» y «Space truckin'», cuatro piezas que junto a «Child in time» (del álbum *In Rock*, de 1970), «Strange kind of woman» (del álbum *Fireball*, de 1972) y «The mule» (que incluía el espectacular solo de batería de Ian Paice) darían forma al directo *Made in Japan* (1972), uno de los mejores álbumes en directo del rock.

Def Leppard – *Pyromania* (1983)
El periodista musical Malcom Dome afirmaría que «Pyromania ayudó a definir los ochenta posiblemente como ningún otro álbum». Puede que este comentario exagere la verdadera trascendencia de *Pyromania*, aunque lo cierto es que con este álbum, publicado el 20 de enero de 1983, el quinteto de Sheffield logró colmar las expectativas que tenía puestas en el mercado estadounidense.

John 'Mutt' Lange, productor del disco, probó comedidamente, durante los once meses que duró la grabación, algunos de los trucos que inundarían el siguiente, y también magistral, *Hysteria* (1987), un inteligente engendro de ingeniería musical que incluía coros y armonías pop y el uso ocasional de cajas de ritmo.

La joya del disco es «Photograph», número 1 en Estados Unidos (curiosamente tan sólo número 66 en Gran Bretaña, lo que confirmaba el desaire que el público de heavy metal británico mostraba por la banda), pero también contiene cortes de primera como «Rock! Rock! ('til you drop)», «Stagefright» o «Rock of ages», sin olvidar un tema olvidado hoy en día, «Foolin'», que en su momento alcanzó la novena posición en los charts americanos.

Dio – *Holy Diver* (1983)

Tras finiquitar su paso por Black Sabbath y llevándose consigo al que por entonces era batería del cuarteto británico, Vinnie Appice, Ronnie James Dio decidió en 1982 iniciar su carrera en solitario. Y lo hizo con el que resultaría el mejor disco de su discografia particular, *Holy Diver*, grabado en los estudios Sound City de Los Angeles, bajo su propia producción.

Una de las aportaciones más significativas del disco es la del guitarrista irlandés Vivian Campbell, posteriormente miembro de Def Leppard, coautor de cinco de los nueve temas, de los cuales dos, «Holy diver,» dotado de un riff antológico, y «Rainbow in the dark», fueron Top 40 y Top 20, respectivamente, en Estados Unidos. Sin olvidar la magnificencia melódica de «Caught in the middle» o «Don't talk to strangers» y la rítmica de «Stand up and shout» y «Shame in the night», que sirven para ensalzar a *Holy Diver* como uno de los grandes discos del heavy metal clásico.

Dream Theater – *Metropolis Pt. 2: Scenes From A Memory* (1999)

Con la incorporación del teclista Jordan Rudess, que había colaborado con Mike Portnoy y John Petrucci en los talentosos Liquid Tension Experiment, los neoyorquinos Dream Theater consiguieron dar otro paso substancial en su discografía, consiguiendo con *Metropolis Pt. 2: Scenes from a Memory* uno de sus trabajos más interesantes y sólidos.

Un álbum conceptual que desarrolla la historia que ya había contado el tema *Metropolis pt. 1: the miracle and the sleeper*, perteneciente a *Images and Words* (1992) y que narra una historia situada en 1928.

El exacerbado virtuosismo habitual de la banda se contiene en la justa que medida que permite la profusa inspiración de unas canciones atemporales y clásicas del metal progresivo.

Gamma Ray – *Land Of Free* (1995)

El 29 de mayo de 1995, Gamma Ray publicaba su cuarto álbum, *Land of Free*, producido por Charlie Bauerfeind, posteriormente responsable de discos para Axel Rudi Pell, Blind Guardian o Saxon. Una de las novedades de este clásico del power metal germano es que la marcha del cantante Ralf Scheepers (más reconocido por su paso por Primal Fear) llevó a que Kai Hansen asumiera el doble papel de cantante, especialmente destacable en «Rebellion in dreamland», y guitarrista.

Land of Free contiene el tema «Afterlife», dedicado al tristemente desaparecido Ingo Schwichtenberg, antiguo batería y compañero de Hansen en Helloween, además de una retahíla de temas interesantes, como «Man on a mission», «All of the damned», «The saviour» o «Abyss of the void».

Guns'n'roses – *Appetite For Destruction* (1987)

La revolución musical y generacional que supuso *Appetite for Destruction*, número 1 en Estados Unidos, convertiría con el paso del tiempo a Guns N' Roses en el eslabón que unió los fenómenos de Van Halen y Nirvana.

Con la irreverencia heredada del punk y el sonido de las grandes bandas del rock de los años setenta, el quinteto, formado en Los Angeles en 1985 por Axl Rose, Flash, Izzy Stradlin, Duff McKagan y Steven Adler, grabó uno de los más grandes discos del rock, cuya sobriedad e inspiración acabaron imponiéndose, por aclamación del público y la crítica, al veto que la cadena MTV había impuesto al grupo por la controvertida portada del disco (previa modificación, no obstante, de la cubierta).

Con el gran medio de difusión de aliado, del disco se extraerían cuatro singles, *Sweet child o'mine* (número 1 en Estados Unidos), *Welcome to the jungle* (número 7), *Nightrain* y *Paradise city* (ambos número 5), que allanaron el camino para que *Appetite for Destruction*, elegido en 2001 por la revista musical británica *Q* como uno de los 50 discos más heavys de todos los tiempos, se convirtiese en el álbum de debut de mayor éxito, con un total de 28 millones de discos vendidos a día de hoy.

In Flames – *Jester Race* (1996)

Tras el irregular *Subterranean* de 1995, los suecos In Flames se descolgaron un año después con *Jester Race*, para muchos su mejor grabación y paradigma del death melódico escandinavo, junto a *The Gallery*, de Dark Tranquility, y *Slaughter of the Soul*, de At the Gates, máximos exponentes del denominado 'sonido Goteborg'. Jester Race se gestó tras las incorporaciones del cantante Anders Fridén y del batería Björn Gelotte, siendo precisamente este ultimo el responsable de la autoría de las diez canciones del disco, junto a los guitarristas Jesper Strömblad y Glenn Ljungström. La unión creativa de los tres formuló una sensibilidad y una exquisitez poco habitual, detectables en cortes instrumentales como «Moonshield», que abre el disco, o «Wayfaerer».

Iron Maiden – *The Number Of The Beast* (1982)

Con la publicación de *The Number of the Beast* Iron Maiden no sólo presentaron el que sería título cardinal de su discografía, sino el eje en torno al cual giraría la NWOBHM. Maiden ya habían ganado su puesto en el movimiento con el anterior *Killers* (1981), pero con la incorporación de Bruce Dickinson, en substitución de Paul Di'Anno, el quinteto asentó su rumbo: «Con la llegada de Bruce, se abrieron muchas posibilidades», reconocería el productor del álbum, Martin Birch.

Dickinson, además, fue parte activa en la composición de canciones como «Children of the damned» (para la cual el cantante declaró haberse inspirado en «Children of the sea», de Black Sabbath), «The prisoner» y «Run to the hills», campando a sus anchas el videoclip de esta última en la entonces recientemente creada cadena de televisión MTV, lo que facilitó la entrada del álbum en el Top 40 estadounidense, sin olvidar el flamante número 1 que consiguió en Gran Bretaña.

Tampoco deben olvidarse ni la aportación del también nuevo miembro de la banda, Adrian Smith, que aportó «22 Acacia avenue» (que había compuesto para su anterior banda, Urchin), ni la clásica que daba titulo al disco, «The number of the beast», cuya trascendencia en el repertorio del grupo iría más allá que la discreta entrada en el Top 20 británico que logró en su momento.

Judas Priest – *British Steel* (1980)

Scott Ian, de los neoyorquinos Anthrax, afirmó en una ocasión que para él *British Steel* fue «el primer disco de heavy metal, cien por cien heavy metal». No obstante, Judas Priest llevaban desde 1976, año en que publicaron *Sad Wings of Destiny*, elaborando discos en los que se podían encontrar todos los ingredientes que de manera tan palmaria aparecían en *British Steel.* No obstante, fue este, grabado bajo la producción de Tom Allom en los estudios Startling de Ascot, Inglaterra, durante los meses de enero y febrero de 1980 y publicado el 23 de abril del mismo año, el que situó a Judas Priest en la cresta de la NWOBHM, al sintetizar el estilo del quinteto y conectarlo con las pautas de las nuevas bandas británicas a través de himnos como «Breaking the law», «Metal gods» o «Living after midnight», que alzaron al álbum al número 4 en Gran Bretaña y al Top 40 en Estados Unidos.

King Diamond – *Abigail* (1987)
Grabado entre diciembre de 1986 y febrero de 1987 en los estudios Sound Track de Copenhague, *Abigail* no es tan sólo el primer gran título de la discografía de King Diamond (el segundo cronológicamente tras *Fatal Portrait* -1986-), sino también es el primer disco de contenido conceptual de la banda.

La música de Kim Bendix Petersen, aka King Diamond, muy puntualmente ayudado por los guitarristas Andy LaRocque y Michael Denner, pone en solfa la historia del fantasma de la niña Abigail La Fey (nombre que homenajea al satanista Anton LaVey), desarrollada en base a una elaborada teoría numerológica en torno al número 9.

En 2002, Diamond lanzaría la segunda parte del disco, *Abigail II: The Revenge*, menos inspirada que su génesis, la cual había abierto las puertas del mercado estadounidense a su autor, gracias a cortes como «Arrival», «A mansion in darkness», «The 7th day of july 1777» y «Omens».

Kiss – *Alive!* (1975)
Además de ser el disco que catapultó a Gene Simmons, Paul Stanley, Ace Frehley y Peter Criss al estatus de superestrellas, *Alive!* hizo posible que el sello al que pertenecían Kiss, Casablanca Records, no tan sólo superase la bancarrota, sino que, además, se convirtiese en una de las compañías discográficas estadounidenses de mayor proyección.

Hay quienes dicen que parte de este doble álbum en directo, producido por Eddie Kramer, fue grabado en estudio; posiblemente, pero aún así recoge la verdadera esencia de los Kiss de la primera etapa, dilapidada por las producciones irregulares de sus tres primeros discos, y conteniendo parte de sus grandes temas clásicos, como «Firehouse», «Parasite», «100.000 years», «Black diamond», «Cold gin» o «Rock and roll all nite».

A pesar de la parcial trampa y cartón, *Alive!* es uno de los mejores discos en directo del rock.

Kreator – *Terrible Certainty* (1987)
Aunque el thrash metal fue una invención proveniente del otro lado del Atlántico, en Europa el género también contó con algunos artistas de primera fila; entre ellos, sin duda, los germanos Kreator, quienes con *Terrible Certainty* consolidaron la tradición del género extremo en el Viejo Continente.

El disco no es el único de gran calado de la banda, pues venía precedido de *Pleasure to Kill* (1986), y posteriormente llegaría *Extreme Agression* (1989), pero con *Terrible Certainty* la banda de Mille Petrozza no tan sólo tomaba la delantera a los otros adalides thrasher teutones, Sodom y Destruction, sino que se equiparaba a 'The Big Four', mediante una depurada técnica, unos ritmos endiablados y unos riffs antológicos con los que forjaron piezas de primera fila, como «Storming with menace», «Behind the mirror» o la que da título al álbum.

Led Zeppelin – *Physical Graffiti* **(1975)**
Tras cinco discos magistrales, el 24 de febrero de 1975 Led Zeppelin presentaban

su álbum más ambicioso y clímax de una incalculable discografía.

Physical Graffiti fue resultado de dos largos años sin que el cuarteto británico hubiese concedido novedad discográfica alguna. Su anterior trabajo había sido *Houses of the Holy*, publicado el 28 de marzo de 1973, pero la tardanza quedó compensada con este doble álbum, consecuencia del ansia por la experimentación, de lo que son buena prueba el talante progresivo de «In the Light» o el exotismo de «Kashmir», compuesta a raíz de un viaje de Page y Plant a Marruecos.

En *Physical Graffiti* también hay lugar para subscribir de nuevo pautas más manidas como el rock and roll directo de «Boogie with Stu» o el folk de «Bron-yr-aur», pero el resto del doble álbum está a un alto nivel, con temas ineludibles, como el épico «In my time of dying» o la balada «Ten years gone». La recepción que obtuvo *Physical Graffiti* fue inmejorable, siendo número 1 en Estados Unidos y Gran Bretaña y convirtiéndose en uno de los diez discos más vendidos de los años setenta.

Mastodon – *Leviathan* (2004)
Para su contundente segundo trabajo discográfico, hasta la fecha cúspide de su discografía, los norteamericanos Mastodon se inspiraron en *Moby Dick*, la popular novela de Herman Melville, lo cual se hace evidente en la misma portada del disco, engalanada con un espléndido dibujo de Paul A. Romano.

Leviathan presenta al cuarteto de Atlanta como una de las referencias más representativas de los últimos años de la escena del metal, encuadrada por algunos en la denominada New Wave of Thrash Metal. Los riffs tan ágiles como abrasivos, la atronadora e inspirada batería de Brann Dailor y las voces guturales de Troy Sanders y Brent Hinds desembocan en temas de descomunal musicalidad, de entre los que cabe señalar el épico «Hearts alive» y la pieza instrumental que cierra el disco, «John Merrick» (evocación a cargo de Bill Kelliher al ser deforme conocido como el Hombre Elefante), que engatusan tanto como los tres cortes que se lanzaron en formato single: «Iron tusk», «Blood and thunder» y «Seabeast».

La hiriente distorsión sonora que impregna el disco puede llevar a la errónea presunción de anarquía, aunque nada más lejos de la realidad, puesto que *Leviathan* se forja mediante una técnica inteligente y refinada poco común.

Megadeth – *Rust In Peace* (1990)
La formación más aclamada de Megadeth (Dave Mustaine, Marty Friedman, David Ellefson y Nick Menza) resultó clave para que, finalmente, Mustaine lograse plasmar sus ideas musicales de manera fehaciente y conseguir que la banda se ganase el indiscutible derecho de formar parte del denominado 'The Big 4 Thrash'. El cuarto trabajo de Megadeth reúne riffs inteligentes, estribillos memorables y letras lúgubres que cuestionan el armamentismo, en *Rust in peace*, y el conflicto en Irlanda, «Holy wars… the punishement due», pasando por la conspiración freaky, en «Hangar 18». Precisamente estos dos últimos temas fueron los dos singles extraídos de *Rust In Peace* (número 23 en Estados Unidos, país en el que lleva vendidas cinco millones de copias), aunque en términos de popularidad tan sólo lograron colarse en las listas de éxitos británicas, consiguiendo los puestos 24 y 26, respectivamente.

Mercyful Fate – *Don't Break The Oath* (1984)
El segundo y último álbum de Mercyful Fate, antes de su temporal disolución en

1985, es una oda musical de primera fila inspirada en el ocultismo y en la figura de Satanás. Si *Melissa*, la anterior producción de los daneses publicada un año antes, había puesto a la banda en el punto de mira de la crítica especializada y de los seguidores del metal, con *Don't Break the Oath*, producido efizcazmente por Hendrik Lund, Mercyful Fate alcanzaron el punto álgido de su carrera.

En *Don't Break the Oath* nos encontramos ante una ampulosa grabación, nutrida por el excelente trabajo a las guitarras de Hank Sherman y Michael Denner y la cuidada sección rítmica de Tim Hansen, al bajo, y Kim Ruzz, a la batería, lo que provee una sagaz alternancia en los tempos. Respecto a la labor vocal de King Diamond, esta aporta una rica variedad de registros, adecuados a las distintas atmósferas que se suceden a lo largo de un disco que marcaría las pautas para las posteriores bandas de goth y black metal.

Messhugah – *Destroy Erase Improve* (1995)
Grabado en el mes de febrero de 1995 en los estudios Soundfront de Uppsala, Suecia, bajo la producción de Daniel Bergstrand y la supervisión del guitarrista y máximo compositor de la banda, Fredrik Thordendal, probablemente la mayor aportación del disco de debut de Messhuggah al metal progresivo sea el peculiar uso de los ritmos, la inspiración tomada del jazz rock (algo que se percibe en temas como «Sublevels», «Future breed machina» o la instrumental «Acrid placidity») y unas secuencias de arpegios de métrica impecable.

Los propios Messhuggah citaron entre sus influencias a Mike Oldfield y a Pink Floyd, aunque al oyente le pueden venir a la cabeza los nombres de Weather Report o King Crimson y otros más recientes como Cradle of Filth. Un disco tan inspirado como inclasificable.

Metallica – *Ride The Lightning* (1985)
A pesar de los altibajos, propios por otro lado de cualquier artista con una trayectoria dilatada y sazonada de grandes obras, Metallica son unos de los titanes del metal. A esta distinción contribuyen discos como este, perteneciente a la primera y más valorada etapa discográfica del cuarteto californiano, que va desde 1984 a 1991. Después vendrían años de innovación superflua y devaneos de rockstars, que poco tenían que ver con los autores de una grabación como «Ride The Lightning», en la que la sonoridad avasalladora del anterior «Kill 'Em All» da paso a un estilo más armonizado, incluso con algunos fragmentos acústicos, como es el caso de la breve introducción de «Fight fire with fire», lo que en su momento abrió nuevos caminos a un género supuestamente hermético como el thrash metal.

Mötley Crüe – *Dr. Feelgood* (1989)
Epíteto sonoro del glam metal, repleto de guitarras distorsionadas aunque sometidas a estribillos pegadizos, con *Dr. Feelgood* los angelinos Mötley Crüe consiguieron el preciado reconocimiento de colocar este disco en el primer puesto de las listas de éxitos norteamericanas.

La fórmula magistral ya la habían utilizado en el pasado en discos como *Theatre of Pain* (1985) y *Girls, Girls, Girls* (1987), aunque quizá el secreto del éxito definitivo estuvo en manos del productor Bob Rock, quien hasta entonces había colaborado con Kingdom Come, The Cult y Blue Murder, y que puso contra las cuerdas al cuarteto liderado por Nikki Sixx para dar lo mejor como músicos, una vez superados, supuestamente, los problemas con las substancias perniciosas.

El resultado fue un álbum absolutamente ejemplar, del que se extrajeron hasta cinco singles: *Dr. Feelgood*, *Kickstart my heart*, *Don't go away mad*, *Same ol' situation* y *Without you*.

Motörhead – *Ace Of Spades* (1980)
Tras mes y medio en los estudios Jackson de Rickmansworth, Inglaterra (del 4 de agosto al 15 de septiembre de 1980), bajo las órdenes de Vic Maile (de entre cuyos trabajos como productor destacaban los realizados para la banda de pub rock Dr. Feelgood), Lemmy, 'Fast' Eddie Clarke y Phil 'Animal' Taylor regresaron a Londres con el feroz *Ace of Spades* bajo el brazo.

El trabajo de Maile, de quien el propio Lemmy diría: «Vic entendía el rock'n'roll. No era como muchos productores que se limitan a observar los indicadores de la mesa del estudio», fue decisivo a la hora de organizar el caos sonoro de Motörhead y llevar directamente *Ace of Spades* hasta el número 4 de las listas de éxitos británicas a la semana de su publicación (el siguiente álbum del trío, el imprescindible directo *No Sleep 'til to Hammersmith* -1981-, grabado durante los conciertos de promoción de *Ace of Spades*, también producido por Maile, sería número 1).

Baterías y bajos atronadores, riffs acerados… elementos ejecutados sin concesiones que no sólo son la misma esencia del heavy metal, sino que, para algunos, son orígen del thrash metal.

Napalm Death – *Scum* (1987)
No deja de sorprender el coste de producción de la cara A de este clásico del grindcore, grabada en los estudios Rich Bitch de Birmingham en el mes de agosto de 1986: tan sólo 50 libras.

Precisamente, debido a la escasez de medios, la segunda cara no se grabaría hasta el mes de mayo del año siguiente, sin la presencia del bajista y cantante Nick Bullen y el guitarrista Justin Broadrick (que formaría Godflesh), substituidos por Lee Dorrian (cantante), Jim Whitley (bajo) y Bill Steer (guitarra).

A pesar de todo, desde su publicación, el 1 de julio de 1987, *Scum* se convirtió en un referente para los seguidores fundamentalistas del thrash metal, gracias a esas voces guturales y al desenfrenado ritmo de la batería, conocido como 'blastbeat'. Las letras de sus veintiocho temas (una máxima de Napalm Death era la de «si breve, dos veces bueno», puesto que la duración de sus canciones apenas sobrepasa el minuto), no tienen desperdicio, especialmente en los contundentes ataques al establishment capitalista de «Multinational corporations», «Instinct of survival» y «CS».

Nine Inch Nails – *The Downard Spiral* (1994)
Definido como «algo desagradablemente sombrío, ruidoso y con tendencias suicidas» por Bruno McDonald en el libro *1001 discos Que hay Que Escuchar Antes de Morir*, *The Downard Spiral*, cúspide de la mente creativa de Trent Reznor, es el gran título del metal industrial.

El que se grabase en la misma casa en la que Charles Manson y su 'familia' de secuaces habían puesto fin a la vida de la actriz Sharon Tate, esposa del director de cine Roman Polanski, propició las atmósferas claustrofóbicas que embargan los catorce temas del disco (en ello también contribuyeron los propios fantasmas internos de Reznor), musicalmente con guiños a Pink Floyd e Iggy Pop («Closer» se vale de sampleados de la batería de «Nightclubbing»).

Las posteriores loas de un mito como Johnny Cash (quien dijo de *Hurt* que era la mejor canción antidroga que jamás había escuchado) y el número 2 alcanzado en Estados Unidos, además del meritorio éxito de los singles *March of the pigs*, *Closer* y *Piggy*, hacen de *The Downard Spiral* una de las producciones referentes no sólo de su época, sino de la historia del rock.

Opeth – *Blackwater Park* (2001)

Fue el cantante y guitarrista Mikael Akerfeldt el que propuso al líder de los británicos Porcupine Tree, Steve Wilson, producir, en los estudios Fredman de Goteborg, este quinto álbum de los suecos, considerado uno de los títulos más representativos del metal progresivo (aunque haya quienes los catalogan más específicamente como death metal progresivo). Y eso que cuando la banda entró en el estudio, a mediados de 2000, tan sólo había realizado tres jornadas de ensayos y aún no habían escrito los textos de las canciones.

Blackwater Park sería el primer disco de Opeth en ser publicado en todo el mundo y aunque las ventas fueron modestas, tan sólo 93.000 copias en Estados Unidos, la prensa especializada los comparó con leyendas como King Crimson, reseñando *Blackwater Park* como uno de los discos de 2001.

Resulta sorprendente que un tema como «Patterns in the ivy II» quedase excluído de la primera impresión del disco, al ser tan sublime como el resto de cortes, de entre los que destacan «Bleak» y los singles «The drapery falls» y «Still day beneath the sun».

Ozzy Osbourne – *Blizzard Of Ozz* (1980)

Tras ser expulsado de Black Sabbath en 1979, Ozzy tardó casi un año en recuperarse de sus adicciones. Tras este período regresó, con el apoyo de su esposa, Sharon, a la primera línea del negocio discográfico con *Blizzard of Ozz*, disco ejemplar para cuya grabación contó con músicos experimentados como el bajista Bob Daisley, el batería Lee Kerslake y, sobretodo, el talentoso guitarrista Randy Rhoads.

El disco, el de mayor éxito en la carrera de Ozzy, contiene buena parte de los clásicos del repertorio del cantante de Birmingham, como «Crazy train», «Mr. Crowley» o «Suicide solution», ésta última posterior motivo de un litigio iniciado por el padre de un adolescente que se había quitado la vida supuestamente influenciado por la canción.

Sorprendería la decisión tomada por el bueno de Ozzy en 2002 de reeditar el disco con las pistas de bajo y batería regrabadas por Robert Trujillo y Mike Bordin, con el fin de evitar el pago de royalties a Daisley y Kerslake.

Pantera – *Vulgar Display Of Power* (1992)

Si a la pericia del malogrado Dimebag Darrell le sumamos la voz desapacible de Phil Anselmo y la metódica sección rítmica formada por Vinnie Paul y Rex Brown, el resultado difícilmente podría ser otro que un disco considerado como una de las grabaciones más importantes de la década de los años noventa .

El cuarteto tejano ya había avisado seriamente de su potencial con el anterior *Cowboys From Hell* (1990), pero fue *Vulgar Display of Power* con el que consiguieron tocar el techo de su discografía.

El disco, del que tras su publicación el 25 de febrero de 1992 se venderían dos millones de copias, contiene algunos de los grandes temas de la banda, como «This love» y «Walk», publicados como singles, consiguiendo el segundo de estos colarse en el Top 50 estadounidense.

Paradise Lost – *Draconian Times* (1995)
Esta es una de las mejores referencias sonoras del denominado metal gótico, para el cual el sexteto británico optó por substituir la atmósfera oscura de su anterior *Icon* (1993), más relacionado con el doom metal, e incorporar guitarras diáfanas, teclados armoniosos y una mayor presencia de Nick Holmes, en ocasiones bálsamo vocal de unos temas hipnóticos.

Considerado como una de las mejores fusiones entre el doom y el goth, la aparente uniformidad de las baterías demuestra la asombrosa adaptación de Lee Morris (que colaboró en la composición de «Yearn for change» y se funde a la perfección con el bajo de Steve Edmonson), pues muchos tracks fueron grabados por Matthew Archer.

Queensrÿche – *Operation: Mindcrime* (1988)
El eslabón discográfico que úne el rock progresivo de los años setenta con la posterior propuesta de los mágnificos Dream Theater fueron los dos álbumes *Operation: Mindcrime* y *Empire* de Queensrÿche.

El más destacable de ambos, el primero, es una obra que responde principalmente al talento del tándem formado por el vocalista Geoff Tate y el guitarrista Chris DeGarmo (casualmente, ninguno de los dos forman parte en la actualidad de la banda) y cuyo carácter conceptual, su trasfondo narrativo presenta una conspiración para eliminar los líderes corruptos, resultó para las nuevas generaciones de aficionados al rock tan novedoso como exitoso; de ahí que del disco se lanzasen hasta seis vídeos (*I don't believe in love*, *Eyes of a stranger*, *Revolution calling*, *Operation: mindcrime*, *Breaking the silence* y *The mission*).

Además, *Operation: Mindcrime* ha tenido opciones de llevarse tanto a los escenarios de Broadway como a la gran pantalla, aunque ambas iniciativas no se han llegado a materializar por el momento

Rage Against The Machine – *Rage Against The Machine* (1992)
El álbum de debut de RATM, grabado entre los meses de mayo y septiembre de 1992, trasciende por la inteligente combinación de ecléctica musicalidad aportada por la guitarra de Tommy Morello y las letras reivindicativas moduladas y/o rapeadas, según se tercie, por Zach de la Rocha. «Bullet in the head», «Know your enemy», «Wake up» o «Township rebellion» o el himno «Killing the name» excitaban tanto oídos como conciencias y promovieron la suspicacia social a través de la música como en contadas ocasiones se ha hecho desde el metal.

En 1993, el álbum consiguió el puesto número 45 en Estados Unidos y en 2001 la revista británica *Q* lo incluyó en su lista de los 50 mejores discos de heavy metal; por su parte, *Guitar World* lo situó en el puesto 21 de las cien mejores grabaciones de todos los tiempos.

Saxon – *Wheels Of Steel* (1980)
Aunque Iron Maiden están considerados, con toda justicia, como los adalides de la NWOBHM, habría que caer en la cuenta de que no fue hasta su cuarto disco cuando la banda de Steve Harris presentó su primera obra maestra. Por contra, en su segundo intento los de Biff Byford produjeron uno de los grandes clásicos del heavy metal, y además dos años antes que hiciera lo propio la Doncella de Hierro.

Grandes canciones del género como «747 (strangers in the night)», «Motorcycle man» o «Wheels of steel», se forjaron gracias a la elegante voz de Byford y las 'twin guitar' de Paul Quinn y Graham Oliver, igualmente capaces de encarar el ritmo frenético de «Machine gun» o el tono melódico del tercer single del álbum, «Suzie hold on». Los de Barnsley aún mantendrían el nivel con sus dos siguientes trabajos, *Strong Arm of the Law* (1980) y *Denim and Leather* (1981).

Scorpions – *Blackout* (1982)

Dieter Dierks es uno de los productores más reputados del heavy metal clásico, ejerciendo como tal para sus compatriotas Scorpions durante trece años, desde el álbum *In Trance* (1975) hasta *Savage Amusement* (1989). Precisamente, esos fueron los años de mayor gloria de la banda liderada por Klaus Meine y Rudolf Schenker, durante los cuales consiguieron penetrar en el complicado mercado estadounidense con discos como este y gracias a temas como «Can't live without you», «Blackout» o «No one like you», el primer hit single de los germanos al otro lado del Atlántico.

Como remate a la conquista de Estados Unidos, el disco contó con una gira de promoción, que tuvo a Iron Maiden como artistas teloneros, y de la cual su presentación en el US Festival, ante 325.000 espectadores, fue uno de los capítulos de mayor gloria en la trayectoria del grupo. La anécdota de *Blackout* la protagonizó Meine, quien perdió la voz durante el proceso de grabación y obligó a que el norteamericano Don Dokken grabase las pistas de voz solista. Afortunadamente, Meine recuperó la voz, tras dos intervenciones quirúrgicas, y la aportación de Dokken quedó al final recluida a los coros.

Sepultura – *Roots* (1996)

Los brasileños ya habían avisado de la rigurosidad de su propuesta con los anteriores *Beneath the Remains* (1989), *Arise* (1991) y *Chaos A.D.* (1993), pero con *Roots*, grabado entre los meses de octubre y diciembre de 1995 bajo la producción de Ross Robinson, demostraron que su visión iba más allá de los cánones habituales del thrash metal.

El disco, a instancias de Max Cavalera, se inspira tanto en la música tribal brasileña, de ahí el título del disco ('Raíces', en castellano), como en el flamante nu metal. En la percusión, junto a la poderosa descarga de Igor Cavalera en la batería, sorprende la peculiar colaboración de Carlinhos Brown (en el tema «Ratamahatta») y, aún más, la de la tribu xavantes, originarios de una remota zona del Amazonas hasta la que el grupo se desplazó para grabar la acústica «Itsári». También inesperada e inspirada resulta la participación en «Lookaway» de DJ Lethal, de Limp Bizkit; Jonathan Davis, de Korn, y Mike Patton, de Faith No More.

Lamentablemente, *Roots* fue el canto del cisne en Sepultura para Max Cavalera, que abandonó el grupo por causas tanto personales, el asesinato de su hijastro, como profesionales, para formar Soulfly.

Slayer – *Reign In Blood* (1986)

En apenas tres años, Slayer sacudieron la escena del thrash metal con la misma intensidad que lo estaban haciendo por entonces Metallica. Se convirtieron por méritos propios en parte del denominado club 'The Big 4 Thrash', junto a los de San Francisco y a Megadeth y Anthrax.

Cierto que a ello no hubiese ayudado su disco de debut, *Show No Mercy* (1983), pero lo conseguido con el siguiente *Hell Awaits* (1985) indicaba que era cuestión de tiempo que el cuarteto de Los Angeles presentase un trabajo definitivo como *Reign In Blood*, en el que la precisión y la agresividad instrumental se dan la mano, con ejercicios de pirotecnia en las interpretaciones de Dave Lombardo, descomunal en la batería, y de Kerry King y Jeff Hanneman, brillantes en las guitarras de «Raining blood».

Como en otros discos magistrales, el trabajo del productor, en este caso el talentoso Rick Rubin, resultó decisivo para hacer de *Reign In Blood* uno de los grandes referentes del thrash metal (a pesar de las acusaciones de apología del nazismo que suscitó el tema *Angel of death*), a lo que contribuyó el criterio de la revista *Kerrang!*, que definió *Reign In Blood* como el álbum «más duro de todos los tiempos».

Soundgarden – *Superknown* (1994)
A diferencia de Nirvana y Pearl Jam, insignias del grunge, Soundgarden fueron más allá de la escena musical de Seattle y en 1994 se descolgaron con *Superknown*, inspirados en la tradición musical de Led Zeppelin y Black Sabbath, aunque desde una perspectiva propia e innovadora.

«Black hole sun» fue un acierto de cara a las listas de éxitos, pero también un ejercicio de talento y clase fundamentales para entender el rock de los noventa , viéndose a su vez acompañado por piezas como «Spoonman», «Fell on black days» o «4th of july», grandes clásicos del stoner rock.

Grabado entre los meses de julio y septiembre de 1993 y publicado el 8 de marzo de 1994, *Superknown* logró unas ventas de nueve millones de discos en todo el mundo (310.000 en su primera semana en las tiendas americanas), subiendo al primer puesto de las listas de éxitos de Estados Unidos, Nueva Zelanda y Australia, además de entrar en el Top 10 de media docena de países más y recibir menciones especiales en revistas como *Kerrang!*, *Rolling Stone* y *Spin*.

System Of A Down – *Toxicity* (2001)
Con sus doce millones de copias vendidas en todo el mundo, *Toxicity*, en su momento número 1 en Estados Unidos, es uno de los álbumes de mayor éxito del metal alternativo. Musicalmente, resulta todo un acierto indiscutible, pues contiene temas comerciales, como «Chop suey», «Toxicity» y «Aerials», así como otros de legítimo calado, tal que «Prison song», «Shimmy», «Psycho» o «Bounce». El que esté considerado como el mejor trabajo del cuarteto californiano redunda en la sagacidad como compositor de Daran Malakian, de origen armenio (al igual que el resto de miembros de la banda), considerado, además, como uno de los mejores y más inspirados guitarristas del metal. También hay que conceder relevancia a Serj Tankian, autor de la mayoría de las letras del disco y cuya voz navega con total dominio entre cambios imprevisibles de melodía y ritmo.

Testament – *The Legacy* (1987)
Testament entraron por la puerta grande del thrash metal con su este su debut discográfico, resultado del tándem formado por los guitarristas Eric Peterson y Alex Skolnick. En segunda instancia, buena parte del mérito también recae en Alex Perialas, productor del disco y de algunos de los mejores títulos del género aparecidos desde mediados de los años ochenta y finales de los noventa (engrosan su currículo Overkill, Anthrax, Nuclear Assault, SOD, Carnivore o Flotsam and Jetsam...).

Gracias a *The Legacy*, Testament se convirtieron en uno de los nombres que formaron parte del 'Little Big Four', junto a Overkill, Exodus y Forbidden, réplica menor de 'The Big Tour' (Metallica, Megadeth, Slayer y Anthrax) y reputación ganada por los de Oakland gracias a temas como «Over the wall», «COTLOD», «First strike is deadly», «Alone in the dark» o «Apocalyptic city». Posteriormente, Testament ofrecerían otros trabajos encomiables, como *The New Order*

(1988) o *The Gathering* (1999), aunque las raíces y el sentido de su carrera prevalecerán para siempre con *The Legacy*.

Thin Lizzy – *Jailbreak* (1976)
Tras cinco álbumes en estudio que les valieron ganarse el prestigio en Gran Bretaña, en 1976 *Jailbreak* abrió las puertas del mercado estadounidense a Thin Lizzy, la banda irlandesa liderada por el malogrado Phil Lynott.

Curiosamente, la canción más representativa del álbum y de la discografía del grupo, «The boys are back in town», estuvo a punto de no publicarse como primer single, siendo la elegida inicialmente «Running back»; afortunadamente, el 17 de abril sería «The boys are back in town» la que formaría parte de la cara A del primer sencillo, con «Emerald» en la cara B, llevando al cuarteto al Top 10 británico. La canción, versioneada por artistas tan diversos como Bon Jovi, Wilco, Cardigans, Belle & Sebastián o los metalcore Atreyu, es una buena muestra de lo que se ofrece en el resto de *Jailbreak*: melodías inteligentes a cargo de Lynott y el espléndido trabajo en las guitarras de Scott Gorham y Brian Robertson, que incluye magistrales lecciones de 'twin guitar'.

Tool – *Aenima* (1996)
Aenima es uno de los discos de culto de los años noventa y uno de los títulos más representativos de metal progresivo/alternativo. Tool, por su parte, fueron una de esas bandas paradigmáticas de Los Angeles contemporáneas a Faith No More, Red Hot Chili Peppers o Jane's Addiction.

El mesianismo vocal de Maynard James Keenan, que procura señalar el autoritarismo latente que prevalece en la sociedad norteamericana, unido a la ejecución de un estilo musical indiscutiblemente personal, conlleva a que en *Aenima* confluyan piezas del calibre de *Eulogy*, *Thrid eye*, *Stinkfist* o *Forty six & 2.*, tan únicas que requieren de la predisposición necesaria por parte del oyente, pues una obra tan exquisita y cerebral no está al alcance del gran público.

UFO – *Strangers In The Night* (1979)
Testimonio sonoro del tramo norteamericano de la gira del álbum *Obsession* (pues recoge parte de las actuaciones celebradas en el otoño de 1978 en Chicago, Illinois y Louisville), *Strangers in the Night* es, simple y llanamente, una de las diez mejores grabaciones en vivo del rock.

Tiene a su favor la participación de Michael Schenker (siendo el último disco que UFO publicó con él en nómina) y el reunir una retahíla de temas clásicos como «Natural thing», «This kids», «Too hard to handle», «Doctor doctor», «Rock bottom» o «Love to love», pertenecientes a los álbumes más imprescindibles de los britanicos: *Phenomenon* (1974), *Force It* (1975), *No Heavy Pettin* (1976), *Lights* Out (1977) y el ya citado *Obsession* (1978).

Van Halen – *Van Halen* (1978)
Lo sorprendente no es que Van Halen lograsen triunfar; lo realmente sorprendente hubiera sido que no lo hubiesen hecho, puesto que, además del apoyo de Gene Simmons, a mediados de los años setenta en pleno éxito arrollador con Kiss, el cuarteto tenía todos los condimentos para hacer de su primer trabajo un clásico del que ya se han vendido diez millones de copias en Estados Unidos: una sección rítmica infalible, por cuenta de Michael Anthony y Alex Van Halen; el rebosante carisma de David Lee Roth y la técnica sin parangón de Eddie Van Halen, quien en el segundo corte del disco, la instrumental «Eruption», exhibe una nueva manera de tocar la guitarra, el *tapping*.

Van Halen, publicado el 10 de febrero de 1978 y producido doctamente por Ted Templeman, contiene la visceralidad del rock, aportando una energética revisión del clásico «You really got me», de Ray Davies (acertadamente colocada tras Eruption), así como temas de cosecha propia de primera fila, como «Runnin' with the devil» (considerada en 2009 por el canal musical VH1 como la novena mejor canción de hard rock), «On fire» o «Ain't talkin' 'bout love» (más tarde sampleada por 2 Live Cream y Apollo 440).

Venom – *Black Metal* (1982)
El segundo trabajo discográfico de Jeffrey 'Mantas' Dunn, Conrad 'Cronos' Lant y Tony 'Abbadon' Bray no tan sólo dio nombre y sentido al género homónimo, sino que también sería influencia para el death y el thrash metal.

En realidad, la fórmula de Venom fue más de intenciones que de magisterio, acompañada de una iconografía de cuero y tachuelas y la misma actitud irreverente del punk. Musicalmente, el trío no se propuso acercarse a la habilidad técnica de sus coetáneos Iron Maiden, detalle que no pasaron por alto la mayoría de críticos musicales de la época (aunque en su siguiente álbum, *At War with Satan* el trío de Newcastle se atrevió con una pieza épica, que daba título al disco, de veinte minutos de duración). Las letras de Cronos remataban la propuesta con historias macabras y sexuales, aunque de una manera mucho más cándida de lo que más tarde cualquiera de los discípulos escandinavos de Venom llegaron a escribir.

WASP – *The Headless Children* (1989)
Cierto que la banda de Blackie Lawless agitó la moralidad conservadora estadounidense con sus dos primeros discos, *WASP* (1984) y *The Last Command* (1985), y con singles tan provocadores como *Animal (fuck like a beast)*, de 1983, pero estas grabaciones no fueron más que sendos reclamos para atraer al mayor número de público posible y, por derivada, disfrutar de las mieles del éxito, es decir, sexo y dinero.

Pero una vez engatusado el respetable, Lawless aparcó las *boutades* y quiso reivindicarse asimismo como un gran compositor, además de ejercer de productor, surgiendo de ese propósito *The Headless Children* y el siguiente *The Crimson Idol* (1992), aunque este último resultó de un tono artístico menor. Las referencias que Lawless tomó prestadas para la *pièce de résistance* de la discografía de sus WASP no fueron minúsculas y de ahí que el disco incluya una versión de «The real me», perteneciente al incomensurable *Quadrophenia* de The Who y a la postre uno de los tres singles extraídos del álbum, junto a «Mean man» y «Forever free».

✠

Filmaciones temáticas

Decline of Western Civilization Part II: The Metal Years (1988, Penelope Spheeris)
Get Thrashed, The Story of Thrash Metal (2008, Rick Ernst)
Global Metal (2008, Scott McFayden y Sam Dunn)
Grindcore, 85 minutes of Brutal Heavy Metal (2003)
Heavy Metal (1981, Gerald Potterton)
Heavy Metal in Baghdad (2007, Suroosh Alvi y Eddy Moretti)
Heavy Metal: Louder than Life (2006, Dick Carruthers)
Heavy Metal Parking Lot (1986, John Heyn y Jeff Krulik)
Kiss loves you (2004, Jim Heneghan)
Metal: A Headbanger's Journey (2005, Sam Dunn, Scot McFayden y Jessica Wyse)
This Is Spinal Tap (1984, Rob Reiner)
Until The Light Take Us (2009, Aaron Aites y Audrey Ewell)

Filmaciones por artistas

AC/DC
Let There Be Rock (1980)
Live at Donington (1992)
Pug Me In (2007)
Live at River Plate (2009)
At the Gates
The Flames Of The End (2010)
Anvil
Anvil! The story of Anvil (2009)
Anthrax
Music of Mass Destruction (2004)
Barón Rojo
Barón Rojo, la película (2013)
Black Sabbath
The Story of Black Sabbath, I & II (2002)
Gathered In Their Masses (2013)
Blind Guardian
Imaginations Through the Looking Glass (2004)
Cannibal Corpse
Centuries Of Torment: The First 20 Years (2008)
Deep Purple
Perfect Strangers Live (2013)
Def Leppard
Historia/In the round in your face (1988)
Dream Theater
Metropolis 2000: Scenes From New York (2001)
Emperor
Emperial Live Ceremony (2004)

G3 (Joe Satriani, Steve Vai e Ingwie Malmsteen)
Live in Denver (2003)
Gamma Ray
Hell Yeah! The Awesome Foursome (2008)
Guns 'n Roses
Use Your Illusion I + Use Your Illusion Ii (1992)
Heaven and Hell
Neon Knights, Live at Wacken (2009)
Immortal
Live at Wacken 2007 (2010)
Iron Maiden
Live After Death (1985)
Early Days (2004)
Flight 666 (2009)
Maiden England (2013)
Live at Luna Park (2012)
Judas Priest
Live Vengeance '82 (1982)
Electric Eye (2003)
Rising In The East (2005)
Epitaph (2012)
Kiss
Kissology, vol. 1 (2006)
Kissology, vol. 2 (2007)
Kissology, vol. 3 (2008)
Kreator
Dying Alive (2013)
Led Zeppelin
The Song Remains The Same (1976)
Yngwie Malmsteen
Concerto Suite Live With Japan Philarmonic (2002)
Megadeth
Countdown to Extinction (2012)
Metallica
Some Kind Of Monster (2004)
Mötley Crüe
Carnival of Sins (2005)
Motörhead
Lemmy (2010)
Opeth
In Live Concert At The Royal Albert Hall (2010)
Pantera
Cowboys From Hell (1991)
Queensrÿche
Operation: Livecrime (1991)
Building Empires (1992)
Rammstein
Völkerball (2006)
Raven
Rock Until You Drop, A Long Days Journey (2013)
Red Hot Chili Peppers
Live at Slane (2003)
Rush
Rush In Rio (2003)
Beyond The Lighted Stage (2010)
Saxon
Chronicles (2003)
Sepultura
Live in Sao Paulo (2005)
Slayer
Still Reigning (2004)
Slipknot
Disasterpieces (2002)
Thin Lizzy
Live And Dangerous (1978)
Tool
Parabola (2005)
Triumph
Live at the US Festival (2003)
ZZ Top
Double Down Live, 1980 - 2008 (2009)

✠

Bibliografía

Christie, Ian, *El Sonido de la Bestia*, Robinbook, 2005.

Estació, Benjamín A., *Monster of rock, dioses, mitos y otros héroes del heavy*, T&B Editores, 2008.

Grow, Kory, *Heavy metal: del rock duro al metal extremo*, Blume, 2012.

López Martínez, Andrés, *Cuerdas de Acero, Historia del Heavy Metal en España*, Quarentena, 2009.

Martínez i García, Sílvia, *Enganxats al heavy. Cultura, música i transgressió*, Pagès editors, 1999.

Moynihan, Michael, *Señores del caos: el sangriento auge del metal satánico*, Es Pop Ediciones, 2013.

Muniesa Mariano, *Los grandes discos del Heavy Metal que deberias escuchar antes de morir*, Quarentena, 2012

Rubio, Salva, Metal extremo: 30 años de oscuridad (1981-2011), Milenio, 2013)

VV.AA., *Diccionario de Heavy Metal Latino*, Zona de Obras, SGAE, 2005

Biografías publicadas en castellano

Bianciotto, Jordi, *Deep Purple, la saga*, Quarentena, 2013.

Crüe, Motley, *Mötley Crüe, los trapos sucios: confesiones del grupo de rock más infame del mundo*, Es Pop ediciones, 2011.

Milà Hernàndez, Marc, *Judas Priest, los defensores de la fe*, Quarentena, 2012.

Muniesa, Mariano, *Barón Rojo, la leyenda del heavy metal*, Quarentena, 2013.

Muniesa, Mariano, *Metallica*, Quarentena, 2012.

Osbourne, Ozzy, *I am Ozzy, confieso que he bebido*, Global Rhytm Press, 2013.

Quintana Ramírez, Eduardo, *Scorpions: la leyenda alemana del rock*, Quarentena, 2010.

Slash, *Slash*, Es Pop Ediciones, 2014.

Valseca, Antonio, *Dio, la voz del heavy metal*, Quarentena, 2014.

Libros temáticos publicados en inglés

Beste, Peter, *True norwegian black meta*l, Vice Books, 2008.

Bukszpan, Daniel, *The Encyclopedia of heavy metal*, Sterling, 2003.

Konow, David, B*ang your head; the rise an fall of heavy metal*, Three Rivers Press, 2002.

Kristiansen, Jon, Metallion, *The Slayer Mag Diaries*, Bazillion Points, 2011.

Mudrian, Albert, *Choosing death, the improbable history of death metal and grindcore*, Feral House, 2004.

Phillips, William y Cogan, Brian, *Encyclopedia of heavy metal music*, Greenwood Press, 2009.

Phillips, William y Cogan, Brian, *Encyclopedia of heavy metal music*, Greenwood Press, 2009.

Popoff, Martin, *The collector's guide to heavy metal, vol. 1, the seventies*, Collector's Guide Publishing, 2003.

Poppoff, Martin, *The collector's guide to heavy metal, vol.2, the eighties*, Collector's Guide Publishing, 2005.

Popoff, Martin, T*he top 500 heavy metal albums of all time*, ECW Press, 2004.

Wazlserm Robert, *Running with the devil. Power, gener and madness in heavy metal music*, Wesleyan University Press, 1993.

Weinstein, Deena, *Heavy Metal, the music and its culture*, Da Cappo Press, 1993.

Wiederhorn , Jon y Turman, Katherin, *Louder than hell, the definitve oral history of metal*, Harper Collins Publishers, 2014.

Biografías publicadas en inglés

Davis, Stephen, *Hammer of the gods* (Led Zeppelin), Berkley, 2001.

Frehley, Ace (Kiss), Layden, Joey y Ostrosky, John, *No regrets, a rock'n'roll memoir*, Gallery Books, 2011.

Iommi, Tony (Black Sabbath) y Lammers TJ, *Iron Man, my journey through heaven and hell with Black Sabbath*, Da Cappo Press, 2011.

Kiedis, Anthony, *Scar Tissue (Red Hot Chili Peppers)*, Warner Books 2005.

Kilmister, Lemmy (Motörhead), *Lemmy: white line fever. The autobiography*, Simon & Schuster, 2010.

Lee Roth, David (Van Halen), *Crazy from the heat*, Hyperion, 1997.

Lee, Tommy (Mötley Crüe), *Tommyland*, Pocket Books, 2005.

Lendt, CKL, *Kiss and sell, the making of a supergroup*, Billboard Books, 1997.

McKagan, Duff (Guns 'n Roses), *It's so easy, and other lies*, Touchstone, 2011.

Mustaine, Dave (Megadeth) y Layden, Joe, *Mustaine, a heavy metal memoir*, It Books, 2010.

Pearcy Stephen (Ratt) y Benjamin, Sam, *Sex, drugs, Ratt & roll, my life in rock*, Gallery Books, 2014.

Sixx, Nikki, *The heroin diaries: a year in the life of a shattered rock star*, 2005.

Tony Iommi (Black Sabbath) y TJ Lammers, *Iron Man, my journey through heaven and hell with Black Sabbath*. (Da Cappo Press, 2011).

Tyler, Steven (Aerosmith), *Does the noise in my head bother you?*, Harper Collins, 2011.

Wall, Mick, *Enter night, a biography of Metallica*, Orion, 2010.

✠

En la misma colección

Soul y Rhythm & Blues

Manuel López Poy

Historia, cultura, artistas y álbumes fundamentales

El soul y el rhythm & blues son la banda sonora de un pueblo, los negros de los Estados Unidos en plena lucha por sus derechos. Pero son también la expresión musical afroamericana que ha tenido más trascendencia en la cultura popular del siglo xx. Fue la música que rompió barreras raciales, la que llevó al 'pueblo del blues' a proyectarse en todo el mundo, a sentar las bases del rock, la música disco, el hip-hop y la música pop en general. Desde los guetos negros de las grandes ciudades a los grandes escenarios de todo el planeta, el soul y el rhythm & blues, trazaron un camino de superación y libertad, que transformó la cultura de los últimos sesenta años partiendo de lo más profundo del alma negra.

En preparación dentro de la colección Guías del Rock & Roll

Reggae

Rock progresivo

Rock sinfónico

Glam Rock

Hard Rock

Rock alternativo

Punk